买房法典

一本让你避开买房风险的法律宝典
一书在手 买房无忧

丛书主编 | 黄维领
本书主编 | 高 阳

The Code of House Purchasing

中国法制出版社
CHINA LEGAL PUBLISHING HOUSE

撰稿人:

高　阳　　黄东洁　　王邑甲

序

房地产是国民经济中的重要组成部分，“安居”亦是中国百姓自古以来的朴素愿望，但由于部分老百姓法律意识薄弱，加之房地产行业的专业与复杂，由此带来了大量因无序、无信而产生的房地产纠纷。

为了帮助购房者更清晰地厘清房地产买卖领域纷繁复杂的法律关系，更加妥善地解决房地产买卖过程中所面临的各种法律问题，本书从商品房篇、二手房篇、业委会篇和参考文书篇这四部分依次为购房者厘清思路，结合典型案例、律师点评和法律依据，深入浅出地为购房者阐述了房地产买卖过程中可能遇到的相关法律问题，同时从实用性方面给出了合理建议。希望通过本书通俗平实的阐述，让购房者可以了解、避免房地产市场中的陷阱，让房屋真正成为每一位购房者温暖幸福的港湾。

目　录
CONTENTS

商品房篇

业委会篇

参考文书篇

商品房篇

第一章　购房资格及限购限贷政策

一、双方在限购前签订的房屋买卖合同是否有效？

典型案例

原告张某为非京籍人员，2017 年 3 月 12 日经由中介金色时光公司与被告郭某签订北京市存量房屋买卖合同，购买了被告位于顺义区 × 镇 × 路 × 号 × 区 × 幢 × 号商住房，合同签订后原告支付了相应款项，2017 年 3 月 26 日北京市出台新的限购政策，原告认为商住房限购政策导致其不具有购房资质，故要求解除合同，经协商未果，起诉至法院。

原告认为：2017 年 3 月 12 日原告与被告郭某签订北京市存量房屋买卖合同，并于当日支付了相应购房款，2017 年 3 月 26 日北京市出台新的限购政策，导致其不具有购房资质，涉诉合同无法继续履行，因此要求解除合同，返还定金及购房款。

被告认为：不同意原告的所有诉讼请求。认为双方已经签订合同，并且在房屋新政出台之前，即 2017 年 3 月 23 日已经办理了网上签约手续，且中介金色时光公司是根据原告以及被告的授权来做的网上签约手续，涉诉合同履行不受新政策的影响，因此，原告要求解除合同的理由不成立，合同应该继续履行。

第三人金色时光公司认为：原告的诉讼请求没有法律依据，不符合合同约定及合同法的规定。签订合同的时间是 2017 年 3 月 12 日，当时北京市对商住房没有限购要求，双方已经在 2017 年 3 月 23 日委托第三人办理网签手续，且第三人已于当日办理，2017 年 3 月 26 日，北京市出台限购政策，所以，涉诉合同履行没有法律障碍。因此，原告要求解除合同的理由不成立，合同应该继续履行。

北京市顺义区人民法院审理查明：2017 年 3 月 12 日，由金色时光公司提供居间服务，原告张某与被告郭某签订《北京市存量房屋买卖合同（经纪成交版）》，合同约定：出卖人（甲方）：郭某；买受人（乙方）：张某；居间人（丙方）：金色时光公司。第一条：房屋基本情况，（一）出卖人所售房屋坐落在顺义区 × 路 × 号 × 区 × 幢 × 号，建筑面积共 60.5 ㎡。（二）该房屋规划设计用途为商业。第二条：房屋情况说明，（一）该房屋所有权证证号为：京（2016）顺义区不动产权第 ×××××××，共有权证证号为：京（2016）顺义区不动产第 ×××××××，填发单位为：北京市国土资源局，共有权人为：丁某。（三）该房屋性质为商品房……第五条：成交价格、付款方式及资金划转方式，（一）经买卖双方协商一致，该房屋成交价格为人民币 600000 元。买受人在签订本合同的同时支付定金人民币 100000 元……（二）经买卖双方协商一致，该房屋内的家电、家具、装修装饰、其他配套设施设备、物业费、供暖费、车位费、公共维修基金及其他房屋维护费用合计作价 990000 元，……（三）房款交付，1. 房款由买卖双方直接支付：（1）买受人无需贷款的，以现金或银行转账方式支付全部购房款，首付款为 1000000 元，支付首付款的时间或条件为网签当日，剩余款项应当于过户当日支付……第六条：房屋的交付，出卖人应当在过户当日前将该房屋交付给买受人……第七条：房屋权属转移，（四）签订本合同时，买受人应当确认已经具备北京市购房资格，或于本合同约定的过户日期 / 条件达成时能够取得购房资格……第八条：逾期的处理方式，（二）逾期付款的处理，买受人未按照约定的时间支付首付款或其他款项的，按照下列第 1 种方式处理。1. 按照逾期时间，分别处理。（1）逾期在 30 日之内，自约定的应付款期限届满之次日起至实际支付应付款之日止，买受人按日计算向出卖人支付逾期应付款万分之五的违约金，并于实际支付应付款之日起 10 日内向出卖人支付违约金，合同继续履行；（2）逾期超过 30 日后，按本合同第十一条约定处理。但出卖人不解除合同的，买受人应当按前款标准支付违约金，合同继续履行。第十一条：合同的解除及违约责任，（二）买受人有下列行为之一的视为买受人违约，出卖人可以要求买受人承担违约责任及其他损失（违约责任为房屋总价款的20%），并有权选择继续履行房屋买卖合同或解除合同。1.提供的证件资料不完整、不真实、无效或在约定过户期限届满之日仍不能取得北京市购房资格，导致无法办理所有权转移登记手续的；2.以各种形式拒绝购买该房屋的；3.迟延履行付款义务超过合同约定期限的；4.买受人未直接表明不购买房屋，但在合理期限内不支付应付款项或不配合办理相关手续的；5.因买受人的其他原因造成本合同不能正常履行的；6.拒绝交纳法定或约定由其交纳的税费的。第十二条：不可抗力，（一）因不可抗力不能按照约定履行本合同的，根据不可抗力的影响，部分或全部免除责任，但因不可抗力不能按照约定履行合同的一方当事人应当及时告知另一方当事人，并自不可抗力事件结束之日起30日内向另一方当事人提供证明……（三）若本合同履行期间各级政府出台新的房产政策，造成本合同不能实际履行，则出卖人与买受人互不负违约责任。第十三条：居间方服务约定，居间方提供购房人信息，发布房屋出售信息；为买受人提供房屋出售信息，提供市场信息咨询；居间方促成房屋出卖人、买受人签订房屋买卖合同。居间服务具体事项由三方另行约定；合同还约定了其他事项。

郭某作为甲方（出卖人），张某作为乙方（买受人），金色时光公司作为丙方（居间方）签订了《居间服务合同》，第四条第三项约定甲乙双方委托丙方办理网上签约手续。

郭某签署了承诺配偶同意声明，承诺其配偶同意将涉诉房屋出售。

2017年3月12日，郭某收到张某购房定金10万元，2017年3月18日，郭某收到张某购房款22万元。

2017年3月26日，北京市住房和城乡建设委员会、北京市规划和国土资源管理委员会、北京市工商行政管理局、人民银行营业管理部、银监会北京监管局联合发布《北京市住房和城乡建设委员会等部门关于进一步加强商业、办公类项目管理的公告》（京建发［2017］第112号），载明："五、本公告执行之前，已销售的商办类项目再次上市交易时，可出售给企事业单位、社会组织，也可出售给个人，个人购买应当符合下列条件：1.名下在京无住房和商办类房产记录的。2.在申请购买之日起，在京已连续五年缴纳社会保险或者连续五年缴纳个人所得税。”

位于顺义区×园×号楼×层×单元×房屋系原告之妻张某和与原告之女张某娣共同共有，张某认为2017年3月26日商住房限购政策出台，导致其不具有购房资质，涉诉合同无法继续履行。

涉诉房屋已经于2017年3月23日办理了网上签约手续。金色时光公司申请证人支某和杨某到庭作证，并提交了打印版的合同编号为C1490200的《存量房屋买卖合同（经纪成交版）》，打印日期为2017年3月23日。上述两名证人均称涉诉房屋已经于2017年3月23日办理网上签约手续，且当庭出示了杨某告知张某和郭某办理网上签约手续的微信聊天记录。杨某的聊天记录可以看出其已明确告知双方将要出台房屋新政，希望尽快办理涉诉房屋的网上签约手续，张某和郭某已知情并同意。

张某对于两位证人证言的真实性、合法性、关联性均不予认可，称其之前没有见过合同编号为C1490200的《存量房屋买卖合同（经纪成交版）》，且该合同上的签字并非本人所签，网签是房屋过户的前提条件，不容半点虚假，其没有委托金色时光公司办理网签，金色时光公司属于违规操作，经其咨询，房屋买卖合同无法办理过户。

郭某和金色时光公司对于证人证言和合同编号为C1490200的《存量房屋买卖合同（经纪成交版）》真实性及证明目的均予以认可。

金色时光公司称《存量房屋买卖合同（经纪成交版）》上面张某的签字确非张某本人所签，但一方面居间服务合同有明确约定，不需要单独授权；另一方面在办理网签手续之前经过了张某的同意，并没有规定非要书面委托，其是按照合同约定履行，没有违规。在房屋新政之前就已经办理了网上签约手续，所以合同的后续履行不受新政的影响，合同可以继续履行。

上述事实，有双方当事人陈述、《北京市存量房屋买卖合同（经纪成交版）》、《居间服务合同》、《存量房屋买卖合同（经纪成交版）》、收条等证据在案佐证，可作认定事实之依据。

法院认为：张某与郭某签订的《北京市存量房屋买卖合同（经纪成交版》系双方真实意思表示，内容不违反法律、行政法规的强制性规定，应属合法有效，双方均应按照合同履行。

涉诉房屋已于北京市住房和城乡建设委员会等部门联合出台商办类房产限购政策之前办理网上签约手续，故涉诉合同的履行不受限购政策的影响，合同可以继续履行。张某虽称其未委托金色时光公司办理网上签约手续，但根据证人证言结合本案庭审查明情况，金色时光办理网上签约手续确已告知张某。现张某关于根据房产限购政策其不具备购房资格以及由于网签合同上并非本人签字导致涉诉合同无法办理过户手续的意见没有事实和法律依据，且有违诚信原则。故张某请求解除涉诉房屋买卖合同以及要求郭某返还购房定金、购房款的诉讼请求，没有事实和法律依据，本院不予支持。

律师点评

1. 各地关于涉及住房限购政策的房屋买卖合同指导意见

《北京市高级人民法院关于妥善处理涉及住房限购政策的房屋买卖合同纠纷案件若干问题的会议纪要》规定："国家对于房地产市场的宏观调控并非是一个令所有市场主体猝不及防的突变过程，而是经历了一个从限贷到限购逐步加强和完善的发展过程。房屋买卖合同作为一种标的额相对较大、与买卖双方切身利益密切相关的合同，当事人在签订合同时对合同订立后可能出现的房地产市场风险及各种履行障碍均应当有一定程度的预见和判断。因此，住房限购政策在司法实践中不宜认定为《合同法》第一百一十七条规定的不可抗力。""住房限购政策在性质上具有公共政策的性质，确实会对房屋买卖合同能否继续履行造成重大影响。对于合同订立后由于住房限购政策的实施致使买受人无法办理房屋过户登记的，属于因不可归责于双方当事人的原因导致合同目的无法实现，当事人要求解除合同的，除合同另有约定外，一般应予支持。出卖人应当将收受的购房款或定金返还给买受人；当事人一方要求另一方承担违约责任或适用定金罚则的，不予支持；经审查合同解除确实导致当事人间利益失衡，损失方要求对方补偿其所受合理损失的，可酌情予以支持。房屋买卖合同依约定期限能够实际履行，因一方当事人的原因致合同处于迟延履行状态，在此期间由于住房限购政策的实施导致合同无法继续履行的，对守约方要求解除合同，并要求另一方承担赔偿损失等违约责任的诉讼请求，应予支持。"

《天津市高级人民法院关于依法妥善审理房屋买卖合同纠纷案件的通知》

（津高法［2016］158 号）规定：“因受限贷、限购、禁购等房地产调控政策的直接影响，合同确实无法继续履行的，一般应认定合同不能履行属于不可归责于双方当事人的情形，当事人据此请求人民法院变更或者解除合同的，人民法院应当结合案件的实际情况准予变更或者解除合同。因前述原因，当事人解除合同以后，出卖人应当将已经收到的购房款或定金返还给买受人，买受人应将接收的房屋返还给出卖人。因解除合同造成的损失一般情况下应按照公平原则由双方合理分担。如因一方当事人过错导致当事人利益严重失衡，损失方要求加大对方承担比例的，可酌情予以支持。”

2. 关于可否因不可抗力解除合同

《民法通则》第一百五十三条将不可抗力的概念界定为不能预见、不能避免并不能克服的客观情况。不可抗力还被规定在《合同法》中，主要作为合同的免责事由，或当事人可以依据不可抗力而单方面解除合同。故判断某一情况是否属于不可抗力时，主要判断这种情况是否能被一个理性正常人以正常，或一个专业人以最基本的专业眼光所预见到，且是否采取相应、合理的措施也不能避免并不能克服。

此外，就不可抗力的范围而言，包括自然原因和社会原因。自然原因包括地震、洪水、海啸、火灾等自然现象；社会原因则包括政府行为和社会异常事件。政府行为则为当事人的合同订立以后，政府当局颁布新的法律、政策、行政措施而致使合同不能履行，不过这一点是否可以归入不可抗力目前尚有争议；社会异常事件是指一些偶发的事件，如罢工、政变等。

在司法实践中，有援引《合同法》第九十四条第一项、第九十六条的规定，认为限购政策的发生对原、被告双方而言，属于不可预测、不可避免和不可克服的不可抗力情形。根据《合同法》的规定，在不可抗力的法定事由发生后，买方有权主张解除合同，同时不应追究买卖双方的责任。就本案而言，法院不支持原告解除合同的理由在于，虽然在原、被告签订《北京市存量房屋买卖合同（经纪成交版）》之后，出台了限购政策，原告也确实因该政策不具有购房资质，但涉诉房屋已于限购政策之前办理了网上签约手续，故涉诉合同的履行不受限购政策的影响，合同可以继续履行，即判断合同是否可以继续履行是合同解除与否的关键。

法律依据

《北京市高级人民法院关于妥善处理涉及住房限购政策的房屋买卖合同纠纷案件若干问题的会议纪要》

《天津市高级人民法院关于依法妥善审理房屋买卖合同纠纷案件的通知》(津高法[2016]158号)

《中华人民共和国合同法》

第一百一十七条 因不可抗力不能履行合同的，根据不可抗力的影响，部分或者全部免除责任，但法律另有规定的除外。当事人迟延履行后发生不可抗力的，不能免除责任。

本法所称不可抗力，是指不能预见、不能避免并不能克服的客观情况。

二、卖方已交付房屋但未过户，遭遇限购，买卖合同是否还有效?

典型案例

2007年12月20日，王某与林某签订了《房屋买卖合同》，林某将位于北京市××区××园××号楼××单元×××号的房屋出售给王某，林某亦交付了房屋。自2008年起，上述房屋由王某居住至今。签合同时，林某尚未取得房屋所有权证，双方约定待林某取得房产证后与王某办理过户手续。2011年2月，北京市住房和城乡建设委员会出台了房屋限购政策，对购房人资格作出了限制，致使本案所涉合同的继续履行客观受限，虽然现林某已经取得房产证，但买方王某已经不能够办理过户手续，遂原告王某将林某诉至法院，要求判令林某协助王某办理位于北京市××区××园××号楼××单元×××号房屋的转移登记手续，将上述房屋转移登记至王某名下。

原告认为:2007年12月20日，原告与林某签订了一份买卖合同，双方就坐落于北京市××区××园××号楼××单元×××号房屋的买卖，达成一致意见，2007年12月28日，原告给付林某现金65万元，2009年12月8日，原告以现金形式给付剩余房款5万元。合同签订后，原告在此房屋中居住至今。直到

2011年2月林某仍未协助原告去办理房屋过户手续，之后，北京市住房和城乡建设委员会出台了房屋限购政策，对购房人资格作出了限制，原告此时已经不符合北京市住房和城乡建设委员会要求的购房资格，但原告在限购政策出台之前已经签订了合同并且支付了全部房款，林某未及时协助原告办理过户手续的行为导致了原告目前的损失，理应由林某承担，并尽快协助原告完成过户手续。

被告认为：对王某所述事实认可，王某已经付清了全部房款，也早已入住，房产证是委托开发商办理的，房产证下来后开发商没有及时给我，由于房子已经卖了，被告就没有及时去开发商处领取房产证。被告现在同意协助王某办理过户手续，但现在房价上涨了，根据公平原则，王某应当给付被告50万元的补偿金。

北京市大兴区人民法院经审理查明：2006年9月6日，林某与北京××××××房地产开发有限公司签订了《北京市商品房预售合同》，约定由林某购买坐落于北京市××区××园××号楼××单元×××号的房屋一套，该房建筑面积112.18平方米，总价580706元；该房已经取得房屋所有权证，证号为：京房权证兴标字第×××号；商品房交付后，双方共同向权属登记机关申请办理房屋权属转移登记。合同签订当日，林某一次性付清了全部房款，并委托北京顺驰置地达兴房地产开发有限公司办理房屋权属转移登记手续。2007年12月20日，林某（甲方）与王某（乙方）签订了一份买卖合同，双方就坐落于北京市××区××园××号楼××单元×××号的买卖事宜达成以下协议：1.甲方所售房屋位于北京市××区××园××号楼××单元×××号，该房建筑面积112.18平方米，套内面积84.36平方米；2.房屋成交价格为70万元；3.乙方应于2007年12月30日前支付房款65万元（含定金），甲方在收到上述房款之日向乙方交付房屋；4.甲方未取得房产证，乙方知悉该事实，乙方同意待甲方取得房产证后，甲方协助乙方办理房屋过户手续，双方办理过户手续当天乙方向甲方支付剩余房款5万元；5.任何一方拒不履行合同，应当按照合同约定房款的20%支付违约金。2007年12月28日，王某给付林某现金65万元，2009年12月8日，王某以现金形式给付剩余房款5万元。合同签订后，林某向王某交付房屋，王某在涉案房屋中居住至今。2008年至今，王某以林某的名义交纳水费、电费、物业费等各项费用。

另查，2008年3月18日，北京市××区建设委员会填发房产证，房产证载明：

坐落于北京市 ×× 区 ×× 园 ×× 号楼 ×× 单元 ××× 号的房屋所有权人为林某。

庭审中，林某明确表示同意协助王某办理房屋产权转移登记手续，但认为涉案房屋价值上涨幅度较大，故要求王某给予其一定的经济补偿，王某不同意。

上述事实，有买卖合同、交房款收条、商品房预售合同、房款发票、契税完税证明、供暖费票据等证据及当事人陈述意见在案佐证。

法院认为：王某与林某于 2007 年签订的房屋买卖合同是双方的真实意思表示，内容未违反强制性法律规定，应属有效。合同签订后，王某支付了全部房款，林某向王某交付了房屋，王某实际在涉案房屋中居住至今，双方的主要合同义务已经履行完毕。对于办理房屋过户手续一事，林某已于 2008 年取得了房屋所有权证，林某在取得房屋所有权证后，理应按照合同约定协助王某办理房屋过户手续，但林某由于自身原因未能积极履行后续过户手续。2011 年 2 月，北京市住房和城乡建设委员会出台了房屋限购政策，对购房人资格作出了限制，致使本案所涉合同的继续履行客观受限。但本案中，林某与王某之间房屋买卖的意思表示形成于限购政策出台之前，主要合同义务业已履行完毕，林某系因自身原因致使双方未能在限购政策出台前履行后续过户手续，现林某表示同意协助办理过户手续，本着保护交易安全的原则，王某要求林某协助办理过户手续的请求，合法合理，本院予以支持。林某要求王某补偿房屋增值部分的意见，于法无据，本院不予采信。最终法院判决，被告林某协助原告王某办理坐落于北京市 ×× 区 ×× 园 ×× 号楼 ×× 单元 ××× 号房屋的过户手续，将坐落于北京市 ×× 区 ×× 园 ×× 号楼 ×× 单元 ××× 号的房屋自被告林某名下变更至原告王某名下。

律师点评

1. 判决合同继续履行应具备的条件

合同的继续履行，又称实际履行或强制履行，是指在违约方不履行合同时，基于守约方的履行请求，法院或仲裁机构强制违约方继续履行合同债务的违约责任承担方式。

我国长期以来的合同法理论及实务中，确保合同能够最大限度地实际履行被作为合同法的基本原则来坚持，因而在违约的情况下，主张继续履行成为重要的补救措施，只有在守约方没有主张继续履行或继续履行在事实上已经不可能、不必要的情况下，才会适用违约金、赔偿金。

根据我国法律规定和大多数学者的见解，可将实际违约行为分为不履行和不完全履行两类，而不完全履行又可分为迟延履行、不适当履行、部分履行，所以基本的违约形态主要是：不履行、迟延履行、不适当履行、部分履行四种。

继续履行在一定程度上能使合同恢复到在正常履行条件下能够实现的各方真实意思表示的利益状态，判决合同继续履行应具备如下条件：（一）违约行为确实存在；（二）守约方主动请求违约方继续履行合同；（三）违约方能够继续履行合同。

损害赔偿只能使守约方获得一定的金钱赔偿，但是房地产并非一般种类物，而是特定物，对于土地或房屋等不动产、一些特殊的动产或履行对债权人有不可替代的意义的合同，应当支持守约方继续履行合同的请求，否则，仅凭违约金或损害赔偿给守约方的保护很可能无法弥补其实际遭受的损失。

就本案而言，买卖双方在签合同时，卖方尚未取得房屋所有权证，双方约定待卖方取得房产证后协助买方办理过户手续，卖方在取得房屋所有权证后，理应按照合同约定协助王某办理房屋过户手续，但由于卖方自身原因未能积极履行后续过户手续，属于可归责于卖方的事由而造成一时履行不能，如果在履行不能原因去除以后，卖方仍能履行债务的，构成履行迟延，卖方应负迟延履行的责任，除非此时履行对买方已无利益而为买方所拒绝，否则卖方仍不能免除其履行义务，因此，本案法院判决双方应继续履行合同，由卖方协助买方办理过户手续。

2. 警惕通过虚假诉讼裁决过户以规避限购政策

在本案中值得注意的一点是，买方的主要义务均在限购政策出台前履行完毕，包括支付全部房款以及已经实际入住，仅由于卖方怠于履行义务导致限购政策影响了买方实现房地产登记过户，与司法中通过虚假诉讼裁决过户规避限购政策的情况完全不同。通过虚假诉讼裁决过户规避限购政策是指，买卖双方通过捏造债务纠纷等形式向法院起诉，让法院判决房产归属，从而达到规避限购令目的。

2014 年 6 月，最高人民法院发出通知，就在当前房地产调控形势下，各地发生的通过虚假诉讼裁决过户的问题要求各地法院加强审查，以确保国家房地产调控措施的贯彻落实。最高法院给出了“不得异地管辖，谨慎出具裁决过户调解书，只可采取拍卖方式抵债”的指导，与之相呼应的是，广东省高级人民法院也早就出台了《关于强化审判管理防范和打击虚假民事诉讼的通知》。

通过虚假诉讼裁决过户规避限购政策，对买卖双方都存在着很大的潜在风险，就买方而言，如果将购房楼款付出去之后再来操作以房抵债，一旦遇上债台高筑的卖方，卖方以房抵债的不动产有可能被查封，其他债权人也可以对以房抵债的行为依法行使撤销权，买方未必能顺利获得所购房屋的产权。就卖方而言，卖方配合虚拟诉讼将自己置于债务人的地位非常危险，如果双方“名为以房抵债、实为房屋买卖”的真实意思因为卖方疏忽大意或特殊情况出现无法证明的情形，卖方对现实中的购房人负有大额债务将成为一种自认的事实。一旦出现此情形，假如买方只认债权否认要买房，卖方将非常尴尬和被动，一方面个人负有重大债务会给自己带来负面的影响，比如不良记录将给申请银行贷款构成障碍或出境受限；另一方面特殊主体负有重大债务还会带来意想不到的麻烦，比如《公司法》规定个人负有较大数额的债务到期未清偿的，不能担任董事、监事或高级管理人员，如果卖方是上市公司高管，很可能影响的不仅仅是自己个人，连其任职上市公司都会无端受到影响。在二手房交易市场中，卖方的话语权较大，卖方完全没有必要为了配合不符合政策条件的买方来参与虚假诉讼，任何规避政策的行为，都是存在风险的，更要指出的是，通过虚假诉讼裁决过户规避限购政策的行为，或要承担刑事责任，根据《刑法修正案（九）》规定，以捏造的事实提起民事诉讼，妨害司法秩序或者严重侵害他人合法权益的，将以虚假诉讼罪量刑，因此二手房交易的双方都不应选择虚假诉讼来实现过户这种扭曲现实的操作模式。

法律依据

《中华人民共和国合同法》

第一百零七条 当事人一方不履行合同义务或者履行合同义务不符合约定的，应当承担继续履行、采取补救措施或者赔偿损失等违约责任。

第一百零八条 当事人一方明确表示或者以自己的行为表明不履行合同义务的，对方可以在履行期限届满之前要求其承担违约责任。

第一百一十条 当事人一方不履行非金钱债务或者履行非金钱债务不符合约定的，对方可以要求履行，但有下列情形之一的除外：

（一）法律上或者事实上不能履行；

（二）债务的标的不适于强制履行或者履行费用过高；

（三）债权人在合理期限内未要求履行。

《中华人民共和国公司法》

第一百四十六条 有下列情形之一的，不得担任公司的董事、监事、高级管理人员：

（一）无民事行为能力或者限制民事行为能力；

（二）因贪污、贿赂、侵占财产、挪用财产或者破坏社会主义市场经济秩序，被判处刑罚，执行期满未逾五年，或者因犯罪被剥夺政治权利，执行期满未逾五年；

（三）担任破产清算的公司、企业的董事或者厂长、经理，对该公司、企业的破产负有个人责任的，自该公司、企业破产清算完结之日起未逾三年；

（四）担任因违法被吊销营业执照、责令关闭的公司、企业的法定代表人，并负有个人责任的，自该公司、企业被吊销营业执照之日起未逾三年；

（五）个人所负数额较大的债务到期未清偿。

公司违反前款规定选举、委派董事、监事或者聘任高级管理人员的，该选举、委派或者聘任无效。

董事、监事、高级管理人员在任职期间出现本条第一款所列情形的，公司应当解除其职务。

《中华人民共和国刑法》

第三百零七条之一 以捏造的事实提起民事诉讼，妨害司法秩序或者严重侵害他人合法权益的，处三年以下有期徒刑、拘役或者管制，并处或者单处罚金；情节严重的，处三年以上七年以下有期徒刑，并处罚金。

单位犯前款罪的，对单位判处罚金，并对其直接负责的主管人员和其他直接责任人员，依照前款的规定处罚。

有第一款行为，非法占有他人财产或者逃避合法债务，又构成其他犯罪的，依照处罚较重的规定定罪从重处罚。

司法工作人员利用职权，与他人共同实施前三款行为的，从重处罚；同时构成其他犯罪的，依照处罚较重的规定定罪从重处罚。

《最高人民法院关于房地产调控政策下人民法院严格审查各类虚假诉讼的紧急通知》

二、在审理相关纠纷案件时，要认真审查当事人的诉讼请求及相关的证据，遇到以下情况，要慎重对待，妥善处理：

1. 当事人在以房抵债协议中约定管辖法院，但抵债的房产与协议管辖法院属异地的，要严格按照民事诉讼法关于专属管辖的规定认定协议管辖的效力；

2. 借贷等债权债务关系仅有借据和双方的认可，但未提供款项来源等证据的，对债权债务关系的真实有效性要严格审查，不能简单认定；

3. 双方以债权债务纠纷为由诉讼至法院，但是立案后对案件事实及实体处理等均无争议并迅速达成“以房抵债”协议的，务必在严格依法查明案件事实的基础上决定是否出具调解书；

4. 当事人在人民法院调解组织等主持下达成包含以房抵债内容的调解协议，并共同申请司法确认的，应当加大审查确认力度，慎重出具确认调解协议有效的裁定；

5. 当事人对以房抵债生效法律文书或者调解协议申请执行的，原则上不得出具以房抵债裁定书或者要求登记机构办理过户的协助执行通知书，当事人要求以房产清偿债务的，应当采取拍卖等执行变价措施；

6. 对其他可能存在虚假诉讼的纠纷案件，亦应依法审查。

《广东省高级人民法院关于强化审判管理防范和打击虚假民事诉讼的通知》

《通知》明确提出了在立案、审理、执行各阶段识别虚假民事诉讼的方法，明确了打击和防范虚假民事诉讼的措施。今后，人民法院将建立虚假民事诉讼嫌疑案件案外人通报制度，在诉讼过程中发现案件可能损害案外人利益时，会将情况及时向利益相关人通报，或主动通知第三人参加诉讼。将建立防范打击虚假民事诉讼的联动机制。加强与同级司法行政管理部门、人民调解机构及当地仲裁机构的沟通与合作，共同防范个别当事人利用人民调解、仲裁调解制造虚假民事诉讼；加强与同级公安机关、检察机关的协调与合作，共同研讨虚假民事诉讼的受理、立案、移送和查处等问题，形成打击虚假诉讼的合力。还将严格追究虚假民事诉讼当事人的法律责任。

惩罚措施主要包括：依法对虚假诉讼行为人采取司法强制措施，维护民事诉讼正常秩序；依法受理虚假诉讼受害人提起的虚假诉讼损害赔偿之诉，赔偿范围不仅包括受害人因虚假诉讼所遭受的物质损失，也包括依法应予认定的受害人精神损害；虚假诉讼行为人涉嫌妨害作证、毁灭伪造证据或伪造印章、贪污、挪用等罪行的，人民法院将及时将犯罪线索移送公安、检察机关审查；对于协助当事人制造虚假诉讼的律师和律师事务所，将向司法行政部门发送司法建议书，建议吊销其执业证书和营业执照。

三、交完定金买不了房，听信开发商忽悠遭损失

典型案例

2013 年 4 月 15 日，原告庞某来到被告宝苑公司房地产开发有限公司开发的 × 花园（誉天下之誉皇殿二期）项目售楼处，由于庞某不具备购房资格，宝苑公司售楼员提议庞某可以注册一新公司，以公司的名义购房，庞某此前从未听说以此方式购买房屋的，觉得售楼员介绍注册公司的方法方便可行，于是庞某向宝苑公司房地产开发有限公司支付了诚意金 20 万元。之后庞某发现，其在约定时间内，根本无法完成公司注册，而且以公司的名义购房不仅每年将会承担其无法承担的巨额税费，而且再想出售也将多承担巨额的税费，因此庞某认为宝苑公司故意隐瞒与订立合同有关的重要事实，有违诚实信用原则，致使合同目的根本无法实现，于是庞某将宝苑公司房地产开发有限公司诉至法院，要求其返还定金 20 万元。

原告认为：2013 年 4 月 15 日，原告来到宝苑公司房地产开发有限公司开发的 × 花园（誉天下之誉皇殿二期）项目售楼处，由于原告不具备购房资格，售楼员为了销售业绩，执意要求原告新注册公司，以公司的名义购房。原告从未以此方式购买过房屋，只听售楼员介绍注册公司非常方便，随后便与宝苑公司签署了购买 × 花园（誉天下之誉皇殿二期）项目房屋的《北京市商品房认购书》及其全部附件及补充协议（以下简称“认购书”），认购了 × 花园（誉天下之誉皇殿二期）项目 × 号商品房，并交纳宝苑公司 20 万元定金。认购书中约定签订认购书之日起 10 个工作日内，向宝苑公司提供完毕约定的购房材料。但之后原告积极准备材料的过程中，发现 10 个工作日根本无法注册完毕公司。而且以公司的名义购房不仅每年将会承担原告无法承担的巨额税费，而且再想出售也将多承担巨额的税费。这些问题，在签订认购书时，宝苑公司售楼员都没有向原告提示。显然宝苑公司故意隐瞒与订立合同有关的重要事实，有违诚实信用原则，使合同目的根本无法实现。现诉至法院，请求判令宝苑公司返还原告定金 20 万元。

被告认为：× 花园项目 × 号房屋的《北京市商品房认购书》及其补充协议

等认购文件，系原告自愿委托其父庞某清与被告方订立，认购文件生效后，被告方与原告即应受上述生效法律文件的约束。认购文件已经明确约定原告应详细阅读并充分理解北京市住房限购政策的内容，被告方已在诚实信用的基本原则下，就原告需具备北京市购房资格要求的条件，尽到了合理的告知义务。原告于起诉状及变更诉讼请求申请书中所述之被告方隐瞒与订立合同有关的重要事实、违反诚实信用原则，以及存在缔约过失致使合同目的不能实现之理由，既不成立亦不属实。因原告未在认购书约定的期限内提交购房申请文件，亦未在我公司为此宽限延长的期限内提交购房申请文件，为此我公司依据约定解除与原告签署的认购书，且依据认购书约定及《合同法》《担保法》的规定不予返还认购人已支付的认购定金共计 20 万元。

北京市顺义区人民法院经审理查明：2013 年 4 月 3 日，庞某清代原告庞某（乙方）与被告宝苑公司（甲方）签订《誉天下之誉皇殿二期诚意金协议》，双方约定：乙方同意于本协议签订当日向甲方支付诚意金 200000 元。甲方承诺，在乙方向甲方按时、足额支付诚意金，且未要求退还的情况下，乙方在甲方指定的时间内成功认购房屋的，甲方可就乙方选定的该项目一套房屋，在选定房屋销售价格的基础上给予乙方人民币 200000 元的优惠。庞某清代原告庞某于当日交纳诚意金 200000 元。

2013 年 4 月 15 日，庞某清代原告庞某（认购人）与被告宝苑公司（出卖人）就北京市顺义区 × 花园项目中的第 × 住宅楼（幢）（座）× 号房签订《北京市商品房认购书》。双方约定：该房屋套内建筑面积 338.24 平方米，每平方米人民币 25721.39 元，总金额人民币 8700000 元。就付款方式，双方于附件一中约定：认购人为自然人的，首期房价款 2610000 元（含已实际支付的认购定金人民币 200000 元，该认购定金转为房价款），认购人需于签署认购书且通过相关主管部门对认购人之居民家庭购房资格审核之日起 7 天内付清。第二期房价款 870000 元，认购人需于 2013 年 10 月 31 日前付清。第三期房价款 870000 元，认购人需于 2014 年 4 月 30 日前付清。其余房价款 4350000 元，认购人需于出卖人发出的《房屋交付通知》指定的房屋交付日期前 14 日内付清。

2013 年 4 月 15 日，庞某清代原告庞某（认购人）与被告宝苑公司（出卖人）签订《北京市商品房认购书补充协议》，双方于第十一条约定：认购人承诺其已于本认购书签订之前，详细阅读并清楚知晓《国务院办公厅关于进一步做好房地产市场调控工作有关问题的通知》（国办发〔2011〕1号）、《北京市人民政府办公厅关于贯彻落实国务院办公厅文件精神进一步加强本市房地产市场调控工作的通知》（京政办发〔2011〕8号）、《关于贯彻落实本市住房限购政策有关问题的通知》（京建发〔2011〕65号）中有关住房限购政策的规定，并承诺遵守限购政策规定，若认购人违反限购政策的规定，则出卖人有权解除本认购书及补充协议、另行处分该商品房，认购人已支付的定金不予退还，如果该认购定金仍不足以弥补出卖人所遭受到的损失，则出卖人仍有权向认购人追讨。

2013年4月15日庞某清代原告庞某签订《认购书确认函》，第（3）条内容为认购人承诺其应按照相关主管部门的要求如实填写购房申请文件及提供购房所需的材料，若认购人未按相关主管部门的要求如实填写购房申请文件，及／或未提交或未依相关主管部门的要求提交提供其购房所需的材料、文件及／或由于认购人其他行为或原因导致相关主管部门未能于认购书及补充协议签订之日起十个工作日内对认购人之居民家庭购房资格作出审核结果的，则自申请和期限届满之日，出卖人有权解除认购书及补充协议……

2013年5月26日，被告宝苑公司向原告庞某发出《催交购房材料通知》，催告庞某于2013年5月31日前向宝苑公司提交户口本及备选公司材料，用以进行购房资格审核。同时告知庞某，如逾期未交，宝苑公司有权解除认购协议，庞某已经支付的定金不予退还。

2013年6月5日，宝苑公司向庞某发出《解除北京市商品房认购书通知书》，内容为告知庞某认购书于本通知发出之次日解除，庞某应指定新认购人于认购书解除之日起三日内与宝苑公司协商商品房购买事宜。否则，宝苑公司将另行处置该商品房，庞某已经支付的定金不予退还。

庞某确认现在没有限购政策规定的在京购房资质。

庞某提交录音一份，拟证明宝苑公司售楼员赵某丽在庞某购房前存在欺诈行为。宝苑公司对该证据的真实性认可，证明目的不认可。

宝苑公司提交《授权委托书》，内容为："庞某委托庞某清代理购买宝苑公司开发的×花园项目房产的相关事宜。受托人的代理权限如下：1. 代为选取购买北京宝苑房地产开发有限公司开发的×花园项目房产；2. 代为签署《诚意金协议》及相关法律文件；3. 代为签署《北京市商品房认购书》、补充协议及相关法律文件；4. 代为签署《商品房预售合同》、补充协议及相关法律文件……”拟证明庞某清签署的涉诉文件都是有庞某授权的，庞某对相关情况是知情的。庞某对该证据的真实性及关联性认可，对该《授权委托书》的效力认可。

上述事实，有本院庭审笔录、《誉天下之誉皇殿二期诚意金协议》《北京市商品房认购书》及补充协议、《认购书确认函》《催交购房材料通知》《解除北京市商品房认购书通知书》《授权委托书》、录音、收据等证据在案佐证。

法院认为：出卖人通过认购、订购、预订等方式向买受人收受定金作为订立商品房买卖合同担保的，如果因当事人一方原因未能订立商品房买卖合同，应当按照法律关于定金的规定处理。给付定金的一方不履行约定的债务的，无权要求返还定金。

本案的争议焦点在于双方解除《北京市商品房认购书》的责任应如何确定。庞某授权庞某清代为办理购买涉诉房屋的相关事宜，就庞某清代庞某签订的一系列协议的内容的效力，本院予以确认。庞某明知自己没有在京购房资质，依然签订《北京市商品房认购书》等协议，经宝苑公司催告后，仍未向该公司申请提交新的购房人信息。本院认定庞某存在过错，未履行双方约定的义务，应承担相应法律责任。同时，庞某在明知自身并无购房资质的前提下，当然应明确由其注册公司作为买受人的相关风险及注册公司应由其负担的税费。就庞某主张宝苑公司故意隐瞒与订立合同有关的重要事实，法院难以支持。最终法院判决，驳回原告庞某的诉讼请求。

律师点评

对于售楼处的精彩推销，买方应提高警惕

结合本案，在现实中确实有开发商在售楼宣传中，为扩大业绩不择手段、不计后果地向买方推销房屋，面对销售人员“糖衣炮弹”般的营销说辞，购房者应保持清静清醒的头脑，避免在感性情感的主导下头脑发热买到不适合的房源，甚至是买不到房屋还遭受不必要的损失。笔者提醒买方，一定不要相信销售人员的口头承诺，在购房过程中，销售人员所谓的“提议”“承诺”，以及开发商前期宣传时所谓的“未来规划蓝图”等，这些诺言到底会不会兑现，只有白纸黑字才是最好的保证，因此对于买方而言，不要轻易听信销售人员的口头承诺，一切要以“购房合同”为准，愿意将“承诺”写进合同的才具有法律效益，才是发生纠纷时的法律依据。

本案中，买方认为宝苑公司售楼员提议原本不具备购房资格的庞某可以注册一家新公司，以公司的名义购房，庞某此前从未听说以此方式可购买房屋，觉得售楼员介绍注册公司的方法方便可行于是交了定金，买方向法院提供了一份录音证据，拟证明宝苑公司售楼员赵某丽在庞某购房前存在欺诈行为，宝苑公司对该证据的真实性认可，证明目的不认可。首先可以肯定地说，录音或录像证据是法律允许的证据形式之一。在《民事诉讼法》第六十三条规定了八种形式的证据，其中第四项是“视听资料”也就是录音录像证据。在《继承法》中，也有“录音遗嘱”的规定。所以，视听资料是法律允许的证据形式，这是没有任何争议的。

第二章　房屋预售及定金

一、预售楼销售广告、宣传资料和沙盘失实，合同效力如何?

典型案例

2013年4月3日，原告齐某、赵某与被告某某公司签订《浙江省商品房买卖合同》一份，约定两原告向被告某某公司购买位于诸暨市×××星花园××单元××房屋、地下××地下车位及××号夹层，价款总计1776673元，于签订合同当日支付首付款1066673元，余款710000元通过办理银行按揭贷款或者公积金贷款于2013年4月30日前付清。被告应在2015年6月30日前将合同约定的商品房交付给两原告。合同签订后，两原告已全额支付购房款。2015年6月11日，×××星花园小区通过城乡规划、公安消防、环保部门和城建档案综合验收，2015年6月16日竣工验收备案。2015年6月15日，某某公司以快递方式向两原告寄送了交房通知书。2015年6月21日，两原告办理了领房单，本案房屋现已交付。房屋交付后，两原告发现小区大门并非某某公司展示的沙盘、宣传资料展现的凯旋门样式，小区南大门与苎萝东路非机动车道相通，与主道未连通，并且小区房屋有严重质量瑕疵。两原告认为被告交付的房屋不符合合同约定而构成违约。

原告认为：原告于2015年6月16日接到被告收房通知后去验房发现该房屋与原设计严重不符且存在严重的房屋质量问题，厨房无窗，严重影响厨房通风，储藏室漏水和房屋墙面空鼓等；小区的公共设施中凯旋门不复存在，南大门出口与苎萝东路交接无机动车入口且小区中一楼电梯候梯厅和楼梯过道墙砖大面积空鼓。原告在发现上述问题后多次与被告协商，但被告均不予解决。两原告认为，原、被告之间的商品房买卖合同合法有效，签订合同后原告按月支付了全部购房款，而被告违反合同约定，在未征得两原告同意的情况下，擅自变更了小区的公共设施及房屋结构设计，损害了原告的合法权益。

被告认为：原告诉请的违约金没有事实和法律依据；商品房买卖广告的沙盘资料是要约邀请而非要约；根据商品房买卖合同附件八第四条第八款和第十三条约定，小区大门结构的改变不构成违约，沙盘仅供参考，实际以现房为准；小区出入口外道路在被告楼盘红线范围外，属于政府管辖区域，被告无权干涉；厨房少窗是被告对结构的优化设计，符合规划要求，被告无需取得原告认可，也无需告知原告，如果原告需要，被告同意配合增设窗户；原告诉请的其余问题属于质量瑕疵的，被告会积极进行维修。

法院审理查明：2013年4月3日，原告齐某、赵某与被告某某公司签订《浙江省商品房买卖合同》一份，约定两原告向被告购买位于诸暨市×××星花园××单元××房屋、地下××地下车位及××号夹层，价款总计1776673元，于签订合同当日支付首付款1066673元，余款710000元通过办理银行按揭贷款或者公积金贷款于2013年4月30日前付清。被告应在2015年6月30日前将符合下列条件的商品房交付给两原告：1.建设工程经竣工验收合格，并取得建设工程竣工验收备案证明；2.取得法律、行政法规规定应当由规划、公安消防、环保等部门出具的认可文件或者准许使用文件；3.用水、用电、用气、道路等具备商品房正常使用的基本条件。经规划设计单位同意、规划行政主管部门批准的规划设计变更，导致下列情形（一般为影响到买受人所购商品房质量或者使用功能的），具体为该商品房结构形式、户型、空间尺寸、朝向变化，出卖人应当在有关部门批准同意之日起10日内，书面通知买受人。买受人有权在通知到达之日起15日内作出是否退房的书面答复，未按期作出书面答复的，视同接受变更。出卖人未在规定的时限内通知买受人的，买受人有权退房。出卖人自商品房交付使用之日起，按照《住宅质量保证书》承诺的内容承担相应的保修责任，《住宅质量保证书》应当包含本合同附件六约定的主要内容在商品房保修范围和保险期限内发生质量问题，出卖人应当履行保修义务，出卖人不及时履行保修义务的，买受人可以自行维修，费用由出卖人承担。附件八补充协议约定建筑区划内的基础设施与公共配套建筑包括但不限于电力设施、弱电系统、供水设施、供气设施、车库安全疏散口、垃圾房、排风竖井等位置、规模、数量，以政府相关部门及电力、煤气等企业最终确定为准，若建筑区划平面布局或模型、宣传资料等所示不一致的，除合同有特别约定之外，买受人对此表示充分理解，不构成出卖人违约。合同签订时，出卖房屋尚未建造完成，被告向原告展示的沙盘、宣传视频显示小区大门为凯旋门，小区南大门与芒萝东路相通。

合同签订后，两原告已全额支付购房款。2015 年 6 月 11 日，××× 星花园小区通过城乡规划、公安消防、环保部门和城建档案综合验收，2015 年 6 月 16 日竣工验收备案。2015 年 6 月 15 日，被告以快递方式向两原告寄送了交房通知书。2015 年 6 月 21 日，两原告办理了领房单，本案房屋现已交付。房屋交付后，两原告发现小区大门非凯旋门，小区南大门与芒萝东路非机动车道相通，与主道未连通。两原告认为被告交付的房屋不符合合同约定而构成违约，遂诉至本院。

法院认为：原、被告之间的商品房买卖合同关系，主体适格，意思表示真实，内容未违反国家法律、行政法规的强制性规定，应属合法有效。合同订立后，双方均应按照合同约定履行各自义务。原告已依约向被告支付房款，被告亦已向原告实际交付房屋，双方之间的主要合同义务已经履行完毕。现原告起诉认为小区大门和南大门主出入口与被告提供的沙盘、视频资料不一致而构成违约，从而诉请违约损害赔偿 150000 元，本院认为因被告提供的沙盘、视频资料对小区大门和南大门主出入口的展示并非商品房买卖合同的组成部分，故原告诉称的违约行为缺乏合同依据，对该诉请不予支持。原告诉请厨房少窗，要求按图施工并经消防验收合格。审理中，被告明确表示愿意增设窗户，且提交了小区原设计单位出具的设计修改通知单并加盖了技术核定章。本院认为根据被告提交的设计修改通知单，厨房与前室之间增设窗户实际可行且设计单位证明开设 600 窗符合规范要求，对原告增设厨房窗户的请求予以支持，开设标准以上海同大规划建筑设计有限公司出具的设计方案为准。又因厨房窗户增设未对消防设施进行改变且未违反建筑规范，对原告要求增设窗户后再经消防验收的请求不予支持。原告诉请飘窗没有打胶，要求补打，本院经实地勘查后发现飘窗外部和内部上半部分空间已全部打胶，隐藏在飘窗内的部分区域未打胶。本院认为，铝合金窗打胶的主要目的是防止窗外水渗漏到内部，现被告已对窗外部打胶，至审理时原告未提交证据证明窗户存在渗漏，说明打胶防渗漏的目的已达到，原告的诉请没有合同和法律依据，本院不予支持。原告诉请小区公共场所墙面空鼓，要求重新返修更换；休息大厅和地下车库通风口加装防护栏或者通风盖；加装封闭式智能门；小区公用区域有人种菜影响美观，要求予以清除；逃生通道因非小区人员能随意进出而被破坏，要求修理；小区走道有大面积多处积水，影响出行，要求及时解决积水情况等诉讼请求，无合同和法律依据，本院不予支持。但是，若小区内确实存在问题，被告应积极进行维修和改良，以确保居住环境的安全和优化。

律师点评

本案存在的争议焦点为：

1. 原告所购房屋小区大门和南大门机动车出入口现状与被告展示的沙盘、宣传资料不一致，是否构成违约？若构成违约，两原告的损害赔偿请求能否获得法院支持？

《最高人民法院关于审理商品房买卖合同纠纷案件适用法律若干问题的解释》（以下简称解释）第三条规定：商品房的销售广告和宣传资料为要约邀请，但是出卖人就商品房开发规划范围内的房屋及相关设施所作的说明和允诺具体确定，并对商品房买卖合同的订立以及房屋价格的确定有重大影响的，应当视为要约。该说明和允诺即使未载入商品房买卖合同，亦应当视为合同内容，当事人违反的，应当承担违约责任。

根据该规定，宣传资料认定为要约需同时满足下列条件：1. 宣传资料所作的说明和允诺范围为商品房开发规划范围内（即平常所称红线范围内）；2. 宣传资料载明内容具体明确；3. 宣传资料的内容对合同的订立和房屋价格的确定具有重大影响。

本案中，两原告主张在购买商品房时被告提供的沙盘和视频资料为要约，其是商品房买卖合同的组成部分，被告实际建造的小区大门和南大门机动车出入口与沙盘、视频资料中的不一致，已构成违约。判定被告是否违约，需确定被告提供的沙盘和视频资料的性质为要约还是要约邀请。首先，对于小区大门，该展示在商品房开发规划范围内且形象立体、明确，符合要约的前两项条件。但是，消费者购买商品房时主要考虑因素应为房屋的套型、朝向、地段、周边设施及小区性质等，虽然小区大门为小区外观形象的组成部分，但其主要功能是进出小区人员的通道，其功能价值远远大于观赏价值，故而小区大门形状对商品房买卖合同的订立以及房屋价格的确定并不具有重大影响，其不符合解释中第三条规定的视为要约的条件，不能作为商品房买卖合同的组成部分。况且，涉案房屋所在小区大门现状虽然与沙盘、视频资料中展示的不一致，但是实际建造的大门规模未明显缩减，且在两边建造了门卫室，较之宣传资料中单独设立的凯旋门更方便管理，现大门功能性并无减损。对于小区南大门与苎萝东路主路的连通问题，因苎萝东路已在商品房开发规划范围外，其亦不符合解释第三条视为要约的条件，故其也不能作为商品房买卖合同的组成部分。再者，根据与本案一并起诉的另六案中部分原告庭审中陈述，在2013年签订商品房买卖合同时小区南大门门口并未设置公交车站台，当时小区施工车辆可以直接从苎萝东路进出小区，基于当时状态，被告在制作的沙盘和视频资料中显示小区南大门出入口与苎萝东路相通并无不妥，因苎萝东路属于政府规划范围，被告无法预知道路后续规划。综上，认为被告并未构成违约，原告诉请的违约金亦无事实基础，法院不予支持，是合理的。

2. 原告对于改善小区的请求，能否获得法院支持？

原告诉请小区公共场所墙面空鼓，要求重新返修更换；休息大厅和地下车库通风口加装防护栏或者通风盖；加装封闭式智能门；小区公用区域有人种菜影响美观，要求予以清除；逃生通道因非小区人员能随意进出而被破坏，要求修理；小区走道有大面积多处积水，影响出行，要求及时解决积水情况。对于上述请求，法院能否予以支持？

首先，原告诉称小区公共场所墙面空鼓，要求重新返修更换，但未明确墙面空鼓的具体位置、面积并提供证据证明，其诉请不明确，且小区公共场所属全体业主共有部分，墙面空鼓涉及其他业主公共利益，对于如何返修更换原告的意见并不能代表其他业主意见，所以原告的该诉请法院不能予以支持。关于休息大厅和地下车库通风口加装防护栏或者通风盖、加装封闭式智能门等请求，鉴于上述事项在原、被告签订买卖合同中均未作出约定，原告的诉请无合同依据，且休息大厅、地下车库的通风口以及小区的出入通道均属于共有部分，非原告专有部分，涉及全体业主的公共利益，应当由全体业主共同决定，故对原告的上述请求本院亦不予支持。原告对其主张的小区公用区域有人种菜、逃生通道因非小区人员随意进出而被破坏、小区走道有大面积多处积水等事实均未能提供证据证明。

3. 销售广告、宣传资料、沙盘等形式的商品房出售宣传的效力问题

商品房销售绝大部分是以广告形式在社会上公开出售的，近些年出现不少开发商为获高额利润，夸大宣传的情形。但商品房销售广告能否作为合同内容？业主能否就广告内容主张违约责任？根据合同法第十五条规定，商业广告原则上属于要约邀请，本质上属于一种吸引顾客的手段，出卖人不履行商业广告的宣传内容并不承担违约责任。但商业广告的内容符合《商品房买卖司法解释》第三条的规定，出卖人就商品房开发规划范围内的房屋及相关设施所作的说明和允诺具体确定，并对商品房买卖合同的订立以及房屋价格的确有重人影响的，应当视为要约。在此怎样理解“具体”“确定”，那就需要根据广告内容凭借一般的生活常识或行业交易知识确定其内容，要求在广告中应对房屋价格的确定有决定作用，足以使买受人产生信赖而签订合同，这样可以认定为是合同内容，开发商未履行广告内容的，可以要求赔偿违约责任。

法律依据

《中华人民共和国合同法》

第十四条 要约是希望和他人订立合同的意思表示，该意思表示应当符合下列规定：

（一）内容具体确定；

（二）表明经受要约人承诺，要约人即受该意思表示约束。

第十五条 要约邀请是希望他人向自己发出要约的意思表示。寄送的价目表、拍卖公告、招标公告、招股说明书、商业广告等为要约邀请。

商业广告的内容符合要约规定的，视为要约。

《最高人民法院关于审理商品房买卖合同纠纷案件适用法律若干问题的解释》

第三条 商品房的销售广告和宣传资料为要约邀请，但是出卖人就商品房开发规划范围内的房屋及相关设施所作的说明和允诺具体确定，并对商品房买卖合同的订立以及房屋价格的确定有重大影响的，应当视为要约。该说明和允诺即使未载入商品房买卖合同，亦应当视为合同内容，当事人违反的，应当承担违约责任。

二、订购的房屋与中介提供的信息不符，已支付的定金能否双倍退还?

典型案例

2013年1月1日，王某娜（买受方、乙方）与李某（出售方、甲方）、我爱我家公司（见证方、丙方）签订《房屋买卖定金协议书》，约定甲方将其所有的102号房屋出售给乙方：甲方确保所出售之房屋权属无瑕疵、无债权债务纠纷、符合上市交易的条件；丙方根据乙方委托购买房屋的意向条件推荐上述房屋，乙方已亲自现场勘验上述房屋，并对上述房屋的权属状况、设施设备、物业等相关情况进行了了解，确认以人民币103万元整的价格购买上述房屋；甲方认可乙方以上述价格购买其房屋，且接受乙方在签署本协议当日交付的购房定金人民币1万元；如果甲乙任何一方违约，均依据《中华人民共和国合同法》定金条款的规定来执行，即收受定金一方违约应双倍返还定金，交付定金一方违约则无权索要。同日，王某娜向李某支付定金7000元。

2013年1月1日，王某娜（买受人）与李某（出卖人）、我爱我家公司（居间方）签订《北京市存量房屋买卖合同》及《补充协议》，约定王某娜购买李某的102号房屋；房屋性质为商品房，建筑面积16平方米；房屋价款103万元；王某娜向李某支付定金1万元；王某娜向公积金管理中心申办抵押贷款，王某娜因自身原因未获得银行或公积金管理中心批准的，双方同意王某娜继续申请其他银行贷款，至贷款批准，其间产生的费用由王某娜自行负担。李某应当保证已如实陈述该房屋权属状况、附属设施设备、装饰装修情况和相关关系，附件一所列的该房屋附属设施设备及装饰装修随同该房屋一并转让给王某娜，王某娜对李某出售的该房屋具体状况充分了解，自愿买受该房屋；在现有国家政策不发生变化下，双方积极配合下，我爱我家公司保证此房可以落户口。

2013 年 1 月 4 日，李某（甲方）与王某娜（乙方）、我爱我家公司（居间方）签订《补充协议》，约定甲方在 2013 年 1 月 18 日之前将两人户口迁出，如不能及时迁出，则三方合同终止。

2013 年 1 月 16 日（经二审询问，王某娜与李某一致认可该日期应为 2013 年 1 月 6 日），王某娜（乙方）与我爱我家公司（丙方）签订《补充协议》，甲方李某处无签名，李某在庭审时称不知道此事。协议约定李某提供 102 号房屋建筑年代为 1982 年，如果因房子年代不实不能合法贷款，或者贷款额度低于 40 万元，合同终止，甲方承担违约责任；甲方在合同终止之日起 3 个工作日内退还乙方全部已付房款，逾期不还，每日按合同全额的万分之五赔偿乙方；丙方赔偿乙方合同全额的 20%，并退还中介费。

王某娜认为：

1. 2013 年 1 月 1 日，我通过我爱我家公司居间与李某签订了房屋买卖合同，并向李某支付定金 7000 元。签约前，李某称该房屋建造时间为 20 世纪 80 年代，我爱我家公司一直向我介绍该房屋建造时间为 1982 年。2013 年 1 月 4 日，我在支付第一笔房款前向北太平庄派出所核实涉案房屋户口情况时，得知该房 1976 年即有人入住，1 月 5 日我通知李某和我爱我家公司因其提供的房屋建造年代不实，要求协商解除合同，但遭拒绝。1 月 6 日，我爱我家公司员工刘利与我签署补充协议，证明李某提供的房屋建筑年代为 1982 年，我爱我家公司未经核实便将此不实信息提供给我，我爱我家应对交易的房屋进行必要审查核实，其没有尽到审慎核查义务，应承担连带清偿责任。对此，我提交网络截图，证明我爱我家公司对房屋建筑年代作了虚假陈述。

2.2013 年 1 月 9 日，我向海淀区房管局核实，房屋竣工于 1961 年。李某与我爱我家公司在促成合同过程中存在提供虚假信息或故意隐瞒真实情况的行为，故请求判令撤销房屋买卖合同，李某立即双倍返还我定金 14000 元，本案诉讼费由李某、我爱我家公司共同承担。

3. 之所以购买 102 号房屋系因为该房屋可以商贷、可以落户，便于孩子上学。后我询问我爱我家公司、中国银行樱花东街支行并查询兴业银行网站，102 号房屋不能办理二手房商贷。

李某认为：

1. 我对于房屋建造年代并不清楚，也从未告诉王某娜房屋建造年代是 20 世纪 80 年代，而是中介公司介绍的。

2. 王某娜是在知晓房屋建设年代为 20 世纪 80 年代之前才签订的合同，其自称为随军家属，关注的是其本身落户问题，就房屋建设年代并未在意，其在得知房屋 1976 年有人入住情况下与我签订了补充协议，让我将里面两人户口迁走，可见其在得知房屋建设年代在 20 世纪 80 年代之前的情况下仍与我方签订合同。

3. 我提交交通运输部证明、北京国土房管市一字（2001）1180 号通知、网页截图、国管房改（2003）165 号办法、央产房成交量网页截图，证明 102 号房屋土地使用年限不是自房屋建筑年限起算，而是从该楼房第一套房屋首次上市交易时起算，并依次予以核定。目前我无法确认涉案房屋所在楼房第一套房屋上市年限，但不可能早于 2003 年 10 月 8 日。

4. 我已将涉案房屋于 2013 年 1 月 19 日出卖给案外人，并已于 2 月份过户。

我爱我家公司认为：

1. 由于 102 号房屋已再行出售，同意王某娜要求撤销合同的诉讼请求，对于双倍返还定金的诉讼请求我方不发表意见。

2. 在买房时王某娜知晓房屋情况，我方确实告知王某娜房屋建设年代是 1982 年的，但我方是从李某口中得知的。

3. 认可网络截图真实性，称只是网络宣传，应以实物为准，王某娜已亲自查看过，不存在欺诈，认可房地产估价规范等材料的真实性。

法院认为：

1. 因重大误解订立的合同当事人一方有权请求人民法院撤销。王某娜主张李某、我爱我家公司向其提供房屋建筑年代的虚假信息或故意隐瞒真实情况，但其提供的证据只能证明我爱我家公司向其陈述了错误的房屋建筑年代，且李某在庭审中坚称其签约前并不清楚房屋建设年代，亦未虚假陈述，虽然我爱我家公司主张其陈述的错误房屋建设年代系李某告知的，但并未提供证据证明其主张，故根据本案现有证据不足以证明李某向王某娜进行了虚假陈述或故意隐瞒真实情况，不存在欺诈。王某娜作为购房人在听信我爱我家公司提供的情况后未予核实便做出错误判断而与李某签订了房屋买卖合同，而该房屋的实际建造年代与其轻信的建造年代相距甚远，从而导致其对房屋使用年限及价款产生错误认识，应属重大误解。此合同一旦履行，会给王某娜的利益造成损害，故双方签订的房屋买卖合同依法应予以撤销。被撤销的合同自始没有法律约束力。合同被撤销后，因该合同取得的财产，应当予以返还，故李某应将王某娜支付的定金予以返还。

2. 由于导致王某娜产生重大误解签订买卖合同的责任并非李某所致，故王某娜上诉要求李某双倍返还定金与法相悖，本院不予支持。

3. 因王某娜与我爱我家公司之间系居间合同关系，故我爱我家公司对于李某返还定金的义务并无连带责任，但如因该公司的行为给王某娜造成了损失，王某娜可另行依据居间合同法律关系主张。

法院判决如下：

一、撤销王某娜与李某、北京我爱我家房地产经纪有限公司于二〇一三年一月一日签订的《北京市存量房屋买卖合同》（经纪成交版）；二、李某于本判决生效后七日内向王某娜返还购房定金七千元；三、驳回王某娜其他诉讼请求。

律师点评

1. 合同签订后都具有法律效力吗？

可能很多人会有疑问，合同签订之后，不是就具有法律效力了吗？合同生效后，双方均应按照合同承担相关权利义务。正如本案中所举案例，为何被告不按照合同约定的双倍定金赔偿原告？其实，合同成立后并非全部都是具有效力的，从合同效力上分类，可以分为有效合同、无效合同、效力待定合同、可变更、撤销合同，正如本案中的合同属于可撤销合同。

可撤销合同系意思表示不真实的合同，其效力取决于当事人的意志，即取决于有撤销权的一方当事人是否行使撤销权。根据《中华人民共和国合同法》

第五十四条规定，可撤销的合同有：因重大误解订立的；在订立合同时显失公平的；一方以欺诈、胁迫的手段或者乘人之危，使对方在违背真实意思的情况下订立的合同。其中需要注意，若欺诈、胁迫损害国家利益，则该合同为无效合同，自始无效，区别于可撤销合同。

本案中，因为对涉案房屋的建造年代、使用年限价款存在错误认识，可以认定为存在重大误解，若继续履行将给王某娜造成损失，故合同属于可撤销。合同撤销之后，根据《合同法》规定，因该合同取得的财产，应当予以返还，即被告应退还原告已支付的定金。

2. 什么时候才能适用定金罚则?

定金，是指合同当事人为了确保合同的履行，约定由一方按合同标的额的一定比例预先给付对方的金钱。根据《合同法》第一百一十五条规定，“当事人可以依照《中华人民共和国担保法》约定一方向对方给付定金作为债权的担保。债务人履行债务后，定金应当抵作价款或者收回。给付定金的一方不履行约定的债务的，无权要求返还定金；收受定金的一方不履行约定的债务的，应当双倍返还定金”。由此可知，定金具有惩罚性，是对违约行为的惩罚，但其适用是有严格条件的，即收受定金一方不履行约定的债务时，才可适用双倍返还定金的罚则。本案中，无证据证明被告李某不履行约定的债务，仅系双方对房屋使用年限及价格等存在重大误解，故本案中无法适用返还双倍定金罚则。

3. 在订立定金合同时，需注意什么?

首先，根据《担保法》第九十一条的规定，定金的数额不得超过合同标的额的 20%。该条款系强制性规定，任何当事人不得违反。所以在订立定金合同时，不能盲目、随意确定定金金额，当然如果约定的定金比例超过了 20%，并非整个定金条款无效，而只是超过部分无效。

其次，根据《合同法》第一百一十六条的规定，违约金和定金不能同时并用，只能选择适用其一，即若当事人既约定违约金，又约定定金的，一方违约时，对方可以选择适用违约金或者定金条款。但是既有定金条款，又有实际损失时，两者可以同时适用，需注意的是，如果同时适用定金和赔偿损失，其总值超过标的物价金总和的，法院将酌情减少定金的数额。

再者，根据《担保法》第九十条规定，定金应当以书面形式约定，且定金必须实际完成了交付。

法律依据

《中华人民共和国合同法》

第五十四条 下列合同，当事人一方有权请求人民法院或者仲裁机构变更或者撤销：

（一）因重大误解订立的；

（二）在订立合同时显失公平的。

一方以欺诈、胁迫的手段或者乘人之危，使对方在违背真实意思的情况下订立的合同，受损害方有权请求人民法院或者仲裁机构变更或者撤销。

当事人请求变更的，人民法院或者仲裁机构不得撤销。

第五十六条 无效的合同或者被撤销的合同自始没有法律约束力。合同部分无效，不影响其他部分效力的，其他部分仍然有效。

第五十八条 合同无效或者被撤销后，因该合同取得的财产，应当予以返还；不能返还或者没有必要返还的，应当折价补偿。有过错的一方应当赔偿对方因此所受到的损失，双方都有过错的，应当各自承担相应的责任。

第一百一十五条 当事人可以依照《中华人民共和国担保法》约定一方向对方给付定金作为债权的担保。债务人履行债务后，定金应当抵作价款或者收回。给付定金的一方不履行约定的债务的，无权要求返还定金；收受定金的一方不履行约定的债务的，应当双倍返还定金。

第一百一十六条 当事人既约定违约金，又约定定金的，一方违约时，对方可以选择适用违约金或者定金条款。

《中华人民共和国担保法》

第九十条 定金应当以书面形式约定。当事人在定金合同中应当约定交付定金的期限。定金合同从实际交付定金之日起生效。

第九十一条 定金的数额由当事人约定，但不得超过主合同标的额的百分之二十。

三、出卖人违约致使合同解除，买受人按揭贷款所致的损失，出卖人是否需承担?

典型案例

2010年5月30日，李某与合生北方开发公司签订编号为Y×的《商品房预售合同》一份，约定李某向合生北方开发公司购买位于北京市通州区马驹桥镇商业街金融、市政设施、住宅及配套项目H2#商务楼12层1209号房屋，房款支付形式为部分按揭。后中国光大银行股份有限公司北京中关村支行依据其与李某签订的《个人贷款合同》放款1560000元至合生北方开发公司。2012年3月始，李某按月偿还按揭至2013年5月15日止，本息（含罚息4.82元）共计270806.79元，尚未清偿贷款本金金额为1434441.23元。

后李某与合生北方开发公司就商品房买卖事宜进行诉讼。2013年5月，北京市通州区人民法院以合生北方开发公司逾期交房构成违约为由判令解除编号为Y×的《商品房预售合同》(含附件及补充协议)，合生北方开发公司需退还购房款并支付违约金。合生北方开发公司不服判决结果上诉至北京市第二中级人民法院，终审驳回上诉，维持原判。2013年7月8日该裁判结果生效。

2013年8月30日，合生北方开发公司履行保证责任，向中国光大银行股份有限公司北京中关村支行归还个人贷款1477723.6元（含未清偿本金1434441.23元及利息罚息43282.37元）。

经询，双方确认基于其房屋买卖合同关系进行的预售备案手续尚未解除；除本诉涉及内容外，其房屋买卖合同关系解除之后续事宜已无其他。

李某认为：2010年5月30日，我与合生北方公司签订《商品房预售合同》一份，约定由我购置位于本市通州区马驹桥镇×商务楼12层1209号房屋，房屋总价3135149元。购置该房屋时我向中国光大银行股份有限公司中关村支行办理了按揭贷款，该行也已实际放款至合生北方开发公司处。后因合生北方开发公司逾期交房，双方通过诉讼解除了房屋买卖合同。但在银行放款后我已开始实际偿还房屋贷款，此部分应属因合生北方开发公司过错致我产生的经济损失，应由其赔偿。现我诉至法院，要求合生北方开发公司赔偿我上述经济损失

270806.79元。

合生北方开发公司认为：

1. 双方签订《商品房预售合同》后，李某申请按揭贷款，我公司实际收到中国光大银行股份有限公司中关村支行发放贷款1560000元。后双方通过诉讼解除合同，我公司应银行的要求履行保证责任及时退还了贷款本金1434441.23元，并代李某支付利息（包括罚息）43282.37元，仅余82276.4元在己方手中未实际退还。

2. 李某向银行偿还的贷款本息不是上诉人逾期交房造成的，上诉人不应当赔偿。

3. 针对同一违约事实，不能同时主张违约金和损害赔偿，违约金数额也不能超过实际损失，上诉人已经向被上诉人依照先前的生效判决支付了解除合同违约金，可以相应抵扣所谓损失。

法院认为：本案争议焦点有二：1. 合同解除后，李某因还按揭贷款所致的损失是否为合生北方开发公司的违约行为所导致；2. 李某在本案中所主张的损害赔偿是否与先前生效判决所判处的逾期交房违约金有重复。

就争议焦点1，李某向银行偿还按揭贷款，属履行房屋预售合同所需承担的义务，现房屋预售合同因合生北方开发公司的违约行为被解除，李某偿还的按揭贷款不能获得对应房屋，其偿还的按揭贷款无可对应的物权标的，故李某因此的经济投入应属直接损失，故李某的该经济损失系因合生北方开发公司违约行为所导致，该损失也在合生北方开发公司的预见范围之内，故应由合同解除的过错方承担，但偿还按揭贷款过程中抵押人逾期等不当行为导致的罚息属自行扩大损失，不应包含于赔偿范围内。故李某要求合生北方开发公司赔偿其该项损失，有事实及法律依据。

就争议焦点2，先前生效判决判处的系双方在合同中约定逾期交房违约金，而李某在本次诉讼中主张的是偿还按揭贷款的损失，针对的赔偿内容并不同一，合生北方开发公司有义务全额赔偿因其违约行为给李某造成的损失，因此对合生北方开发公司的该项意见不予采信。

法院判决：

一、北京合生北方房地产开发有限公司于本判决生效后十五个工作日内赔偿李某经济损失二十七万零八百零一元九角七分；二、李某于本判决生效后十五个工作日内及时配合北京合生北方房地产开发有限公司办理北京市通州区马驹桥镇×商务楼12层1209号商品房的预售备案解除手续；三、驳回李某的其他诉讼请求。如北京合生北方房地产开发有限公司未按本判决指定的期间履行给付金钱义务，应当依照《中华人民共和国民事诉讼法》第二百五十三条之规定，加倍支付迟延履行期间的债务利息。

律师点评

1. 签订房屋预售合同应注意什么？

商品房预售又称楼花买卖，是指房地产开发企业与购房者约定，由购房者交付定金或预付款，而在未来一定日期拥有现房的房产交易行为。它是一种先于产品的交易行为。开发商与购房人签署的就是预售合同。购房人买的是“期房”——远期交付的房屋，从性质上看，商品房预售合同属于远期交货合同。

（1）签订商品房预售合同，应具备哪些条件？

根据我国《城市房地产管理法》第四十五条的规定，商品房预售，应当符合下列条件：

① 已交付全部土地使用权出让金，取得土地使用权证书；

② 持有建设工程规划许可证；

③ 按提供预售的商品房计算，投入开发建设的资金达到工程建设总投资的百分之二十五以上，并已经确定施工进度和竣工交付日期；

④ 向县级以上人民政府房产管理部门办理预售登记，取得商品房预售许可证明。商品房预售人应当按照国家有关规定将预售合同报县级以上人民政府房产管理部门和土地管理部门登记备案。商品房预售所得款项，必须用于有关的工程建设。

（2）出卖人未取得商品房预售许可证明，这时其与买受人签订的房屋预售合同是否有效？

《最高人民法院关于审理商品房买卖合同纠纷案件适用法律若干问题的解释》第二条规定：“出卖人未取得商品房预售许可证明，与买受人订立的商品房预售合同，应当认定无效，但是在起诉前取得商品房预售许可证明的，可以认定有效。”可见，要签订商品房预售合同，开发商必须取得商品房预售许可证明，否则，该合同是无效的。当然，也有例外情况。如果在买受人向法院起诉之前，商品房预售人取得了商品房预售许可证明，也可以认定预售合同有效，但前提是在起诉前取得。

（3）房屋买卖双方签订预售合同后，没有进行登记备案，一方当事人可以请求确认合同无效吗？

《最高人民法院关于审理商品房买卖合同纠纷案件适用法律若干问题的解释》第六条规定：“当事人以商品房预售合同未按照法律、行政法规规定办理登记备案手续为由，请求确认合同无效的，不予支持。当事人约定以办理登记备案手续为商品房预售合同生效条件的，从其约定，但当事人一方已经履行主要义务，对方接受的除外。”由此可见，虽然法律要求签订商品房预售合同后，要进行登记备案，但是如果双方签订预售合同后没有办理登记备案手续的，当事人要求确认合同无效，法院是不支持的，是否办理登记备案手续不是预售合同生效的条件。

2. 出卖人违约致使合同解除，买受人按揭贷款所致的损失，两者是否具有因果关系？买受人按揭贷款所致的损失与逾期交房违约金是否重复？

目前市场交易中，经常看到通过银行贷款买房，俗称“按揭”。根据法律规定，在按揭付款的商品房买卖合同履行过程中，若因不可归责于当事人双方的事由未能订立商品房担保贷款合同并导致商品房买卖合同不能继续履行的，双方可以请求解除合同，出卖人应当将收受的购房款本金及其利息或者定金返还买受人。

本案中，李某以向银行偿还按揭贷款的方式购买房屋，其履行了房屋预售合同所需承担的义务，而因为合生北方开发公司的违法行为导致该合同无法继续履行。从因果关系上看，李某偿还的按揭贷款不能获得对应房屋，其期间的经济投入应属直接损失，故李某的该经济损失系因合生北方开发公司违约行为所导致，该损失也在合生北方开发公司的预见范围之内，故应由合同解除的过错方承担。并且，从先前生效判决判处的系双方在合同中约定逾期交房违约金，该笔违约金系惩罚合同中违约一方的惩罚责任，而李某在本次诉讼中主张的是偿还按揭贷款的损失，系因合生北方开发公司违约行为导致的直接损失，两个赔偿内容并不同一，合生北方开发公司有义务全额赔偿因其违约行为给李某造成的损失。

法律依据

《最高人民法院关于审理商品房买卖合同纠纷案件适用法律若干问题的解释》

第二条 出卖人未取得商品房预售许可证明，与买受人订立的商品房预售合同，应当认定无效，但是在起诉前取得商品房预售许可证明的，可以认定有效。

第六条 当事人以商品房预售合同未按照法律、行政法规规定办理登记备案手续为由，请求确认合同无效的，不予支持。

当事人约定以办理登记备案手续为商品房预售合同生效条件的，从其约定，但当事人一方已经履行主要义务，对方接受的除外。

第二十三条 商品房买卖合同约定，买受人以担保贷款方式付款、因当事人一方原因未能订立商品房担保贷款合同并导致商品房买卖合同不能继续履行的，对方当事人可以请求解除合同和赔偿损失。因不可归责于当事人双方的事由未能订立商品房担保贷款合同并导致商品房买卖合同不能继续履行的，当事人可以请求解除合同，出卖人应当将收受的购房款本金及其利息或者定金返还买受人。

《中华人民共和国城市房地产管理法》

第四十五条 商品房预售，应当符合下列条件：

（一）已交付全部土地使用权出让金，取得土地使用权证书；

（二）持有建设工程规划许可证；

（三）按提供预售的商品房计算，投入开发建设的资金达到工程建设总投资的百分之二十五以上，并已经确定施工进度和竣工交付日期；

（四）向县级以上人民政府房产管理部门办理预售登记，取得商品房预售许可证明。

商品房预售人应当按照国家有关规定将预售合同报县级以上人民政府房产管理部门和土地管理部门登记备案。

商品房预售所得款项，必须用于有关的工程建设。

《中华人民共和国合同法》

第九十七条 合同解除后，尚未履行的，终止履行；已经履行的，根据履行情况和合同性质，当事人可以要求恢复原状、采取其他补救措施，并有权要求赔偿损失。

第一百零七条 当事人一方不履行合同义务或者履行合同义务不符合约定的，应当承担继续履行、采取补救措施或者赔偿损失等违约责任。

四、买受人请求按照销售人员签订合同时的承诺提供独立电梯，法院判决买受人败诉

典型案例

2015 年 9 月 23 日，原告张某颖、被告北京金科纳帕置业有限公司（以下简称金科公司）签订了《北京市商品房预售合同》，约定被告将位于北京市昌平区 × 号住宅房屋出卖给原告所有。2016 年 7 月 4 日，被告将上述房屋交付给原告，但该房屋的电梯使用情况与被告销售时作出的承诺不一致，现该房屋的电梯为共用电梯，而不是由原告单独使用，不仅与 × 号住宅楼共用建筑面积分摊部位不符，而且也影响到原告居住使用上述房屋的安全性，原告多次与被告协商，但均无果。

原告认为：合同双方当事人应诚实守信，现被告交付的房屋电梯为共用电梯，严重侵害了原告的合法权益，故诉至法院，提出以下诉讼请求：

1. 请求人民法院依法撤销 2015 年 9 月 23 日原告与被告签订的《北京市商品房预售合同》附件六中第九条“电梯为共用电梯”的约定；

2. 请求判令位于北京市昌平区 × 号电梯由原告单独使用；

3. 本案诉讼费由被告承担。

被告金科公司认为：双方签署的预售合同不存在合同法规定的可以变更的法律情形，也未约定可以变更的情形，电梯为共用设施，应该为全体业主使用，原告没有理由要求独自使用该电梯，故请求法院依法驳回原告的诉讼请求。

法院审理查明：2015 年 9 月 23 日，原告张某颖与被告金科公司签订了《北京市商品房预售合同》，合同约定，由原告张某颖购买被告金科公司开发的位于北京市昌平区 × 号的房屋。合同附件六关于配置标准的约定中关于电梯的配置为：通力电梯（电梯为共用电梯）。2016 年 7 月 4 日，原、被告办理了房屋

交接手续。庭审中原告陈述，看房时销售人员带其看过样板间，且销售告知电梯为单独使用电梯，收房时其也没有坐电梯。目前原告张某颖所在楼宇的设计为四层楼，一层和二层为一户业主，三层和四层为一户业主，两户业主共用一部电梯，经法庭询问，目前该栋楼无法另行安装电梯。

另查，双方所签合同的附件十的《商品房预售买卖合同补充协议》第十三条约定：1. 买卖双方均同意以《北京市商品房预售合同》、本《补充协议》及其附件所约定之内容为确定双方权利、义务之最终有效依据；双方的权利义务均以书面约定为准，出卖人工作人员的口头承诺必须经双方书面确认后方才有效，未经双方书面确认的，对双方不发生约束力。买受人在签订本合同前已明确知道所有广告和宣传资料、销售手册、楼盘模型等仅作参考，不作为本合同内容。为防止产生争议，出卖人在此特别提示：广告及宣传资料、销售手册、楼盘模型等仅作参考，不作为本合同内容，请买受人在签订本合同时慎重。2. 本合同签订前出卖人发布的广告以及提供的宣传资料、销售手册、楼盘模型等所载内容在本合同签订时可能已做部分调整和改进（包括楼盘外观、造型、色彩等），若与实物不符或者与本合同内容有抵触或者未作约定的，则以实物和本合同约定的内容为准。出卖人可以对买受人购买的商品房所在楼宇的外墙装饰包括色彩、材料（含块料面层）、局部装饰（含构架、配件、线条）、外挑檐、栏杆等做部分调整，买受人对此不提出异议，出卖人不再另行通知。3. 出卖人设置的样板房（只有部分户型有样板房）、样板房的配置、样板房内的空间尺寸、样板房所在的楼宇及出卖人所展示的楼盘模型等只作展示和参考用，不作为交房标准，即实际交付的商品房质量、设备及装修、配置等与样板房不一致，该房屋的交房标准最终以本合同附件所确定的配置标准为准。

法院认为：

1. 在订立合同时存在重大误解、显失公平的情形或存在一方以欺诈、胁迫、乘人之危使对方在违背真实意思的情况下订立合同，受损害方有权请求变更或者撤销。另外，当事人对自己提出的诉讼请求所依据的事实或者反驳对方诉讼请求所依据的事实有责任提供证据加以证明，没有证据或者证据不足以证明当事人的事实主张的，由负有举证责任的当事人承担不利后果。本案中，原、被告签署了《商品房预售合同》，原告张某颖按时交纳了房款，双方办理了房屋交接手续，可见购买房屋、签订合同为原、被告真实意思表示。

2. 原告代理人主张销售人员带其看房时明确承诺其所购房屋的电梯为单独使用，根据双方所签合同的附件十《商品房预售买卖合同补充协议》第十三条约定，口头承诺必须经双方书面确认后方才有效、展示样板房有变更的以实物为准。法院认为添置房屋等不动产系重大的财产变动行为，原告在签订合同时理应对合同的内容特别是涉及房屋的设计、变更等条款进行全面的了解，故法院难以认定原、被告在签署合同时存在欺诈、胁迫、重大误解、显失公平等因素，故对于原告要求撤销合同附件六中第九条的诉讼请求，法院不予支持。

3. 原告所在楼宇为两户业主共用一部电梯，目前房屋已经完工，也无法另行安装电梯，原告要求单独使用所在楼宇的电梯也不符合实际情况，故对于原告诉请其单独使用所在楼宇电梯的请求，法院不予支持。

律师点评

为了促进房屋买卖的成交率，很多开发商会设置样板房，其作为楼盘展示的一个重要组成部分，开发商一般都会尽心设计、科学施工、挖空心思做软装，且其房屋销售人员在销售房屋时会口头做一些承诺，例如本案中原告主张销售人员带其看房时明确承诺其所购房屋的电梯为单独使用，然而根据民事诉讼法中谁主张谁举证的原则，原告需要提交证据证明销售人员确实做过承诺（最好是书面证据），若无证据，则法院很难采信。作为普通的购房者，律师建议，在购房时应对合同的内容特别是涉及房屋的设计、变更等条款进行全面的了解，若销售人员做了其他承诺，也应书面固定在购房合同之中才能最大力度保障自己的合法权益。其次，也不能盲目认为所看到的样板房与实际交付的房屋会一致，目前实践中经常能看到样板房看起来很大，而实际交付使用时感觉空间很小，主要是因为样板间中的家具很多是特殊定制的，比正常的尺寸都小，这样空间无形中就扩大了。所以在看样板房时，建议带上尺子，测量一下样板间的长宽高，将数字记录下来，除了要询问销售人员样板间和实际交付的房屋尺寸差异外，同时留心把记录下的数据和样板间照片作为合同附件，用以收房时作为参考。若开发商实际交付的面积与商品房买卖合同约定面积不符的，可以根据《最高人民法院关于审理商品房买卖合同纠纷案件适用法律若干问题的解释》

第十四条规定，要求开发商承担相应责任。

法律依据

《最高人民法院关于审理商品房买卖合同纠纷案件适用法律若干问题的解释》

第十四条 出卖人交付使用的房屋套内建筑面积或者建筑面积与商品房买卖合同约定面积不符，合同有约定的，按照约定处理；合同没有约定或者约定不明确的，按照以下原则处理：

（一）面积误差比绝对值在3%以内（含3%），按照合同约定的价格据实结算，买受人请求解除合同的，不予支持；

（二）面积误差比绝对值超出3%，买受人请求解除合同、返还已付购房款及利息的，应予支持。买受人同意继续履行合同，房屋实际面积大于合同约定面积的，面积误差比在3%以内（含3%）部分的房价款由买受人按照约定的价格补足，面积误差比超出3%部分的房价款由出卖人承担，所有权归买受人；房屋实际面积小于合同约定面积的，面积误差比在3%以内（含3%）部分的房价款及利息由出卖人返还买受人，面积误差比超过3%部分的房价款由出卖人双倍返还买受人。

《中华人民共和国合同法》

第五十四条 下列合同，当事人一方有权请求人民法院或者仲裁机构变更或者撤销：

（一）因重大误解订立的；

（二）在订立合同时显失公平的。

一方以欺诈、胁迫的手段或者乘人之危，使对方在违背真实意思的情况下订立的合同，受损害方有权请求人民法院或者仲裁机构变更或者撤销。

当事人请求变更的，人民法院或者仲裁机构不得撤销。

《最高人民法院关于民事诉讼证据的若干规定》

第二条 当事人对自己提出的诉讼请求所依据的事实或者反驳对方诉讼请求所依据的事实有责任提供证据加以证明。

没有证据或者证据不足以证明当事人的事实主张的，由负有举证责任的当事人承担不利后果。

第三章　税收成本及信贷、限贷政策

关于限贷政策，法院认定观点不同

典型案例（一）

2010年4月8日，吕某为购买浦东新区巨峰路某弄某号某室房屋（以下简称系争房屋），经上海安明房地产经纪事务所居间，与陆某（并代卢某、叶某、张某）签订《房地产买卖居间协议》一份，约定系争房屋的房价款为1100000元人民币（以下币种均为人民币），其中首付款为330000元，第二期房款770000元通过银行贷款方式支付。居间协议第3.3.9条约定，若吕某向银行申请贷款的，则其应当于买卖合同签订后七日内向银行提出申请；若银行批准的贷款额度不足或者不批准贷款的，则吕某应当在办理送件过户申请时将相应部分支付卢某等四人。

2010年4月9日，吕某与卢某等四人双方签订（上海市房地产买卖合同）一份，买卖合同约定的房价款780000元，但对房款的付款方式未作约定。买卖合同约定双方应于2010年7月8日前申请办理转让过户手续。

在买卖合同履行过程中，国务院发布了《关于坚决遏制部分城市房价过快上涨的通知》，对购买第二套住房政策作出调整，对首付款比例及贷款利率等作出了新的规定。吕某因此无法获得银行贷款。

其后吕某诉至法院，要求解除其与卢某等四人签订的《上海市房地产买卖合同》，并要求卢某等四人退还吕某已付的首付款330000元及承担本案诉讼费。

一审法院认为：双方签订的居间协议确立的系吕某与卢某等四人就系争房屋买卖的预约关系，现双方买卖合同已签订，应视为居间协议已履行完毕，双方买卖系争房屋的权利义务内容应按买卖合同的约定确定。虽买卖合同中对付款方式未作约定，但双方可以就此达成补充协议，不能达成补充协议的，按照合同有关条款或交易习惯确定，双方的买卖合同仍能继续履行。更何况，即使按吕某陈述的双方对买卖合同未作约定，应按居间协议的约定确定付款义务，但根据居间协议的约定，贷款不足或不成的，吕某仍应在送件当日以现金补足。故吕某现以贷款 770000 元不足为由诉请解除买卖合同并要求卢某等四人返还已付房款，于法无据。故一审法院判决驳回吕某的全部诉讼请求。

二审法院认为：签订的房地产买卖合同系双方当事人的真实意思表示，应属有效，对双方均有法律约束力。虽然该份协议签订后，国家出台了房产新政，对购买第二套住房政策作出调整，对首付款比例及贷款利率等作出了新的规定。但是作为购房者，在签约时对购房风险包括房贷审批风险应有一定的预见性，也就是要有及时调整自己的付款比例及贷款额度等应对解决方案。据此，房贷政策并非当事人在订立合同时完全无法预见的情况，不构成商业风险重大变化，因此吕某要求认定房贷政策变化属于不可抗力因素不能成立。吕某要求解除合同，依据不足，法院不予支持。故驳回上诉，维持原判。

典型案例（二）

2016 年 2 月 28 日，徐某（出售方、甲方）与石某、杨某某（承购方、乙方）、一信公司（居间方、丙方）签订《居间协议（买卖）》，约定：乙方委托丙方作为中介方承购甲方坐落于上海市闵行区万源路某弄某号某室、地下 2 层车位某室之房屋。甲、乙双方签订房地产买卖合同当日，乙方向甲方支付首付款 2600000 元人民币（以下币种均为人民币）（含已付定金）。甲方同意乙方通过向贷款银行申请 3590000 元贷款的形式支付第二期房价款。

协议还约定如乙方的贷款申请未获通过或者通过的贷款额度不足申请额度，则乙方应在甲、乙双方共同赴上海市闵行区房地产交易中心办理产权过户前将其补足。

后买卖双方签订了《上海市房地产买卖合同》。2016 年 3 月 24 日，上海政府发布了《关于进一步完善本市住房市场体系和保障体系促进房地产市场平稳健康发展若干意见的通知》，更加严格地规定了取得购房资格、房屋贷款首付款比例等要求，致使石某、杨某某无法获得充足的贷款，也筹措不到大笔资金，合同履行不能。故石某、杨某某诉至法院，请求解除三方签订的《居间协议（买卖）》及《补充协议》；且徐某双倍返还石某、杨某某定金400000元。

一审法院判决三方签订的《居间协议（买卖）》以及石某、杨某某与徐某签订的《补充协议》于2016年7月25日解除；徐某返还石某、杨某某定金150000元。

徐某不服，提起上诉。

一审法院认为，对该调控政策何时出台以及具体内容，石某、杨某某在同年2月28日签订居间协议及补充协议时均不可预测。虽然协议约定如石某、杨某某的贷款申请未获通过或者通过的贷款额度不足申请额度，则石某、杨某某应在办理产权过户前将其补足，但新政后贷款成数大幅减少加之系争房屋本身总价较高，客观上造成了履行的障碍，普通购房者通常无法自筹如此大笔钱款。故当事人双方最终未能签订正式买卖合同，系因不可归责于当事人双方的事由，石某、杨某某并无恶意违约行为。

二审法院赞同一审法院的判决理由，同时认为，2016年3月25日，上海市出台实施"沪九条"新政，而双方当事人及一信公司在此之前签订《居间协议（买卖）》时均不知晓。"沪九条"新政内容对本案所涉的《居间协议（买卖）》履行造成影响。特别是对石某、杨某某而言，足以造成其履行不能。一审法院根据该客观情况，并结合石某、杨某某不存在恶意违约的事实，认定徐某与石某、杨某某最终未能签订正式买卖合同系因不可归责于买卖合同当事人双方的事由，并无不当。故二审法院判决驳回上诉，维持原判。

律师点评

2017年3月17日后，北京市人民政府陆续出台了一系列房地产调控新政策（以下简称"3・17新政"）。通过限购、限贷、限售等一系列措施，上述政策在实现促进首都房地产市场平稳健康发展的调控目标同时，客观上对当事人在房屋交易中的权利义务产生了一定的影响。法院陆续受理了一批"3・17新政”的房屋纠纷案件，在实际审判中出现了几大特点：

一、法院针对限贷政策，两种观点的分析

1. 法院认定履行障碍不能，房屋买卖合同将会解除

根据相关法律规定以及北京市高级人民法院的指导意见，均表明“3·17新政”是一种公共政策的性质，不属于不可抗力，其具体的限贷、限购、限售等措施，对部分房屋买卖合同会造成成本增加或履行不能等障碍。对于合同订立后由于“3·17新政”的实施致使合同无法继续履行的，属于因不可归责于双方当事人的原因导致合同目的无法实现。当事人要求解除合同的，除合同另有约定外，一般应予支持。

2. 法院认定不存在履行不能，房屋买卖合同应当继续履行

确有证据证明因“3·17新政”导致购房出资的履约成本增加幅度较小，对当事人履约能力不构成严重影响的，合同应当继续履行，当事人一方以此要求解除合同的，不予支持。

对于已经过网签的房屋买卖，原则上不认为存在因“3·17新政”导致的履行障碍，但有相关证据表明履行存在政策障碍的，法院应与相关行政主管部门核实后予以认定。

二、笔者倾向观点及理由

笔者认为，根据国家出台的政策导致继续履行房屋买卖合同将会使当事人的履行成本大幅增加，使当事人履行能力受限，房屋买卖合同无法继续履行，此时，房屋买卖合同的解除，属于不可归责于双方的阻却事由，并不属于合同约定中的违约情形。

根据相关法律规定及笔者参与的实际审判中，法院在认定因限贷、限购、税收等政策性文件导致当事人履行能力受限使买卖双方签订的房屋买卖合同产生履行障碍时，也会综合考虑几种情况：

1. 根据相关国家政策出台的时间与双方签订合同的履行程度，核实当事人是否有证明存在政策履行障碍的证据；

2. 因继续履行合同增加的购房出资成本的承担问题，合同有约定的依合同约定，合同没有约定或约定不明的，由购买方承担。合同能否继续履行的判断，法院应综合合同履行程度、成本增加比例、买受人资信情况等因素综合进行考量。

三、商业贷款和公积金贷款流程

1. 商业贷款流程：

（1）提交二手房的贷款所需要的材料

买房人需提供：身份证、户口本、结婚证或者离婚证或离婚的协议或法院的判决书（仅限已婚的或者离婚的人士）、收入证明、6个月内的银行流水、贷款银行储蓄卡，同时也要提交购房的合同。

（2）银行对申请贷款房屋进行估价

一般，银行会交由专业的机构进行评估。

（3）银行审批

审批通过后银行会出具批贷函，向卖方证明银行同意放款给购房人，卖方可放心将房屋过户给购房人。

（4）过户

在实施了不动产登记制度后，现在过户时，仅需要买卖双方本人到不动产登记机构将原来的房产证换成不动产权证，不动产权证上直接登记购房人的名字就可以了。

（5）将不动产权证交给银行做抵押

到不动产登记部门办理《不动产登记证明》，用以证明此房产上有银行的抵押权，一般银行会交给专门的机构代办房屋抵押事项。

（6）银行放款

经贷款行同意发放的贷款，办妥有关手续后，贷款行按照借款合同约定，将贷款一次或分次划入售房人在贷款行开立的存款账户内。

2. 公积金贷款流程：

（1）贷款申请：借款人持规定资料向管理中心提出贷款申请。

（2）贷款受理：管理中心审查贷款资料并与申请人实行面谈，受理借款人贷款申请后的5个工作日内作出准予或不准予贷款的决定。

（3）签订合同：借款人及配偶到受托银行签订借款担保合同。

（4）贷款发放：借款合同生效后受托银行将贷款金额转入售房单位的银行存款账户（期房）或借款人的银行存款账户（二手房、现房、拆迁安置房、自建房）。

3. 现将北京市二手房屋买卖流程总结如下，仅供参考：

房屋买卖流程图

（本流程图仅供参考）

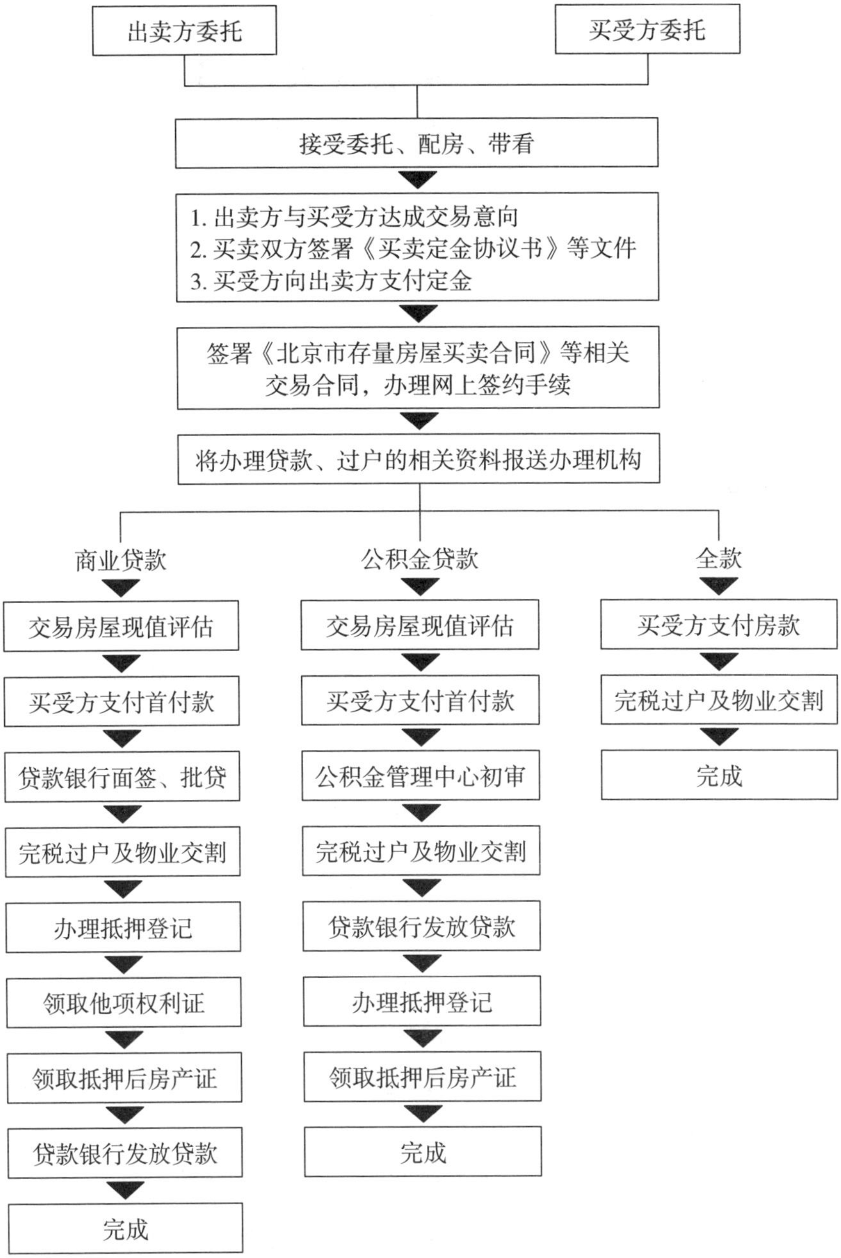

第四章　房屋买卖合同

一、抵押在前，房屋买卖合同如何救济？

典型案例

原告季某军、赵某石与被告北京盛世嘉禾房地产开发有限公司（以下简称盛世嘉禾公司）商品房预售合同纠纷一案，法院受理后，公开开庭进行了审理。原告季某军、赵某石的委托代理人李某军、被告盛世嘉禾公司委托代理人陈某燕到庭参加诉讼。本案现已审理终结。

原告季某军、赵某石诉称：2009 年 12 月 13 日，原告二人与被告签订《商品房买卖合同》（编号为 A2-40），约定由二原告购买被告开发的位于河北省涞水县野三坡旅游度假村住宅小区（推广名为中国山水醉）A2-40 号住宅别墅一套（以下简称涉案房屋），建筑面积 163.45 平方米，总价款 680148 元，2009 年 12 月 13 日前付清房款；被告应于商品房交付后 365 日内办理房屋过户手续；该商品房预售许可证号为：保（涞）房预售证（09）第 003 号，房屋对应土地使用权是被告以出让方式取得，位于涞水县三坡镇下庄村，编号为涞国用（2006）第 129 号，土地面积 116126.80 平方米规划用途为住宅。合同签订后，二原告按照合同约定支付了全部购房款。2011 年 6 月，被告寄发入住通知书，同年 9 月 16 日，被告向二原告收取面积差补 10486.22 元，2011 年 9 月 21 日交钥匙（至今无法正常入住）。但被告至今未按合同约定办理房屋所有权证书，且现我方得知涉诉房屋存在查封抵押，无法办理涉诉房屋所有权证，致使我方合同目的无法实现，故起诉要求法院判令：1. 解除双方所签编号为 A2–40《商品房买卖合同》；2. 被告返还已付购房款 690634.22 元及利息（以房款为基数，按照中国人民银行同期贷款利率 1.5 倍计算，自 2009 年 12 月 14 日起至实际返还房款之日止）；3. 被告赔偿损失 690634.22 元。

被告辩称：我方出售房屋手续齐备，系合法销售，本案房屋并未抵押，只是土地存在抵押，我方亦未故意隐瞒抵押事实。房屋确已被查封，同意解除合同，但仅同意返还购房款并按银行同期活期存款利率支付利息。

经审理查明：2009 年 12 月 13 日，赵某石、季某军与盛世嘉禾公司签订《商品房买卖合同》（合同编号 A2–40），约定：出卖人以出让方式取得位于涞水县三坡镇下庄村，编号为涞国用（2006）第 129 号地块的土地使用权；出卖人经批准，在上述地块上建设商品房，暂定名为野三坡旅游度假村住宅小区（推广名为中国山水醉），买受人购买的商品房为 A2–40 号房；建筑面积 163.45 平方米，总价款 680148 元；买受人一次性付款；出卖人应当在 2010 年 10 月 31 日前，将商品房交付使用；出卖人应当在商品房交付使用后 365 日内，将办理权属登记需由出卖人提供的资料报产权登记机关备案，如因出卖人责任，买受人不能在规定期限内取得房地产权属证书的，双方同意按下列第一项处理：买受人退房，出卖人在买受人提出退房要求之日起 60 日内将买受人已付房价款退还给买受人，并按已付房价款的中国人民银行同期活期存款利率赔偿买受人损失。

前述房屋买卖合同签订后，原告支付了 680148 元购房款，2009 年 12 月 24 日被告出具了购房款发票。2011 年 6 月，被告交付了涉案房屋。2011 年 9 月 16 日，原告支付了面积补差款 10486.22 元，合计共支付房款 690634.22 元。2011 年 9 月 22 日，被告向原告支付了逾期交房违约金 30879 元。

2011 年 7 月 7 日，北京波峰世纪实业有限责任公司（以下简称波峰公司）将其名下涞国用（2006）第 129 号土地使用权抵押给北京农村商业银行股份有限公司花乡支行，并办理了土地使用权抵押登记。抵押期限为 2011 年 7 月 7 日至 2012 年 7 月 6 日。现抵押未予解除。

另查，涞国用（2006）第 129 号土地使用权登记在波峰公司名下。2008 年 12 月 12 日，波峰公司（甲方）与盛世嘉禾公司签订《“野三坡旅游度假村”项目合作协议》，约定：本项目由双方共同建设；甲方负责提供本项目规划用地

78436平方米；甲方协调办理相关土地方面的前期审批手续，配合乙方完成各项目前期审批手续；乙方负责办理项目前期手续；乙方负责本项工程施工过程中的进度、质量、安全管理工作。后相关部门为盛世嘉禾公司办理了商品房预售许可证、建设用地规划许可证、建设工程规划许可证、建筑工程施工许可证。

再查，前述涞国用（2006）第129号土地被本院依法查封，现查封未予解除。

庭审中，原告主张被告签约时在合同中写明以出让方式取得涉诉房屋土地使用权，实际土地使用权登记在波峰公司名下，被告有欺诈行为；此外，双方签约后，涉诉房屋土地使用权设立了抵押登记，土地被法院依法查封，致使原告无法取得房屋所有权证书，故依法提起本案诉讼。被告则称双方房屋买卖合同在房屋管理部门进行了备案登记，其公司的房屋销售行为合法；法律允许开发商对土地进行抵押筹资，涉案房屋早已交付原告多年；关于原告要求的一倍赔偿问题，根据我国房屋买卖相关司法解释的规定，一倍赔偿适用于未告知买受人又将房屋抵押给第三人及一房二卖等情形，本案房屋并未设定抵押，仅为土地使用权抵押，不应适用一倍赔偿规定，其公司同意解除合同，按房屋买卖合同第15条第1款约定返还房款，自原告实际支付房款次日即2009年12月25日起按已付房价款的中国人民银行同期活期存款利率赔偿损失；另被告曾支付过的逾期交房违约金数额应从赔偿数额中予以抵扣。原告对此不予认可，认为根据我国相关法律规定的“房随地走”原则，土地使用权抵押，其上房屋随之抵押，本案应适用一倍赔偿规定，且其方主张实际不足一倍，购房后其实际支付的契税、公共维修基金、产权登记费、物业费、水电费等均包含在此一倍赔偿数额中；另原告提交2009年12月13日取款621900元的银行单据，证明其取款当日即向被告支付了房款，2015年12月24日被告出具了房款发票，返还购房款支付利息时间应自2009年12月14日起算；逾期交房违约金与本案无关，不应从赔偿金中抵扣。

以上事实，有双方当事人陈述、《商品房买卖合同》、抵押查询材料、商品房预售许可证、建设用地规划许可证、建设工程规划许可证、建筑工程施工许可证、房款发票、银行单据、支出凭单、丰台区法院（2013）丰执字第1709号协助执行通知书等证据在案佐证。

法院认为：原、被告双方所签《商品房买卖合同》系双方真实意思表示且未违反法律、行政法规的强制性规定，应为合法有效，双方当事人均应当依照合同约定履行各自义务。合同签订后，原告支付了全部购房款，履行了自己应尽之合同义务。经查，合同签订后，涉诉房屋所在地块土地使用权设定了抵押，且该地块已被法院依法查封，至今抵押、查封均尚未解除。现合同约定的办理房屋所有权证书时间早已届至，原告仍无法办理过户手续，致使合同目的落空，现双方均同意解除合同，本院不持异议。合同解除后，被告应当返还全部购房款。关于购房款利息支付时间及计算标准，原告主张房款于 2009 年 12 月 13 日支付，依据不足，本院以房款发票时间为准，按照中国人民银行同期贷款利率计算。关于合同解除后，是否适用相关司法解释关于出卖人承担已付购房款一倍赔偿的规定，双方存有争议。法院认为，本案涉诉房屋所在土地，于合同签订后设立了抵押，依据我国法律相关规定，以建设用地使用权抵押的，该土地上的建筑物一并抵押，抵押人未一并抵押的，未抵押的财产视为一并抵押，故此，本案房屋应视为与土地使用权一并进行抵押。另合同中约定“出卖人以出让方式取得涉诉房屋所在地块的土地使用权”，虽然该土地使用权登记在波峰公司名下，但本案项目系波峰公司与盛世嘉禾公司合作开发，合作关系是波峰公司与盛世嘉禾公司内部之协议，盛世嘉禾公司作为买卖合同相对方，应当对原告承担相应责任。故法院对被告所持房屋并未设定抵押及并非其公司设定抵押等意见不予采纳，综合考虑整体案情，认为原告主张包括购房后其实际支付的契税、公共维修基金、产权登记费、物业费、水电费等全部费用在内的一倍赔偿要求，数额合理，理由正当，法院予以支持。逾期交房违约金系合同正常履行时原告应获得的利益，现合同解除，该部分费用应当返还，被告提出应在赔偿中抵扣，应予准许。

判决如下：一、解除季某军、赵某石与北京盛世嘉禾房地产开发有限公司签订的《商品房买卖合同》（合同编号 A2-40）。

二、北京盛世嘉禾房地产开发有限公司于本判决生效之日起七日内返还季某军、赵某石购房款六十九万零六百三十四元二角二分并支付利息（以六十九万零六百三十四元二角二分为基数，按照中国人民银行同期贷款利率计算，自二〇〇九年十二月二十四日起至实际返还房款之日止）。

三、北京盛世嘉禾房地产开发有限公司于本判决生效之日起七日向季某军、赵某石支付赔偿金六十五万九千七百五十五元二角二分。

四、驳回季某军、赵某石其他诉讼请求。

律师点评

1. 故意隐瞒抵押事实的法律后果

《最高人民法院关于审理商品房买卖合同纠纷案件适用法律若干问题的解释》规定，开发商与购房人签约时如果存在故意隐瞒所售房屋已经抵押的事实，导致合同无效或者被撤销、解除的，购房人可以请求返还已付购房款及利息、赔偿损失，甚至可以要求开发商承担已付购房款一倍的赔偿责任。

《城市房地产抵押管理办法》等文件也规定，抵押人擅自以出售、出租、交换、赠与或者以其他方式处理或者处分抵押房地产的行为无效。因此，在本案中，于合同签订后设立了抵押，依据我国法律相关规定，以建设用地使用权抵押的，该土地上的建筑物一并抵押，抵押人未一并抵押的，未抵押的财产视为一并抵押，故此，本案房屋应视为与土地使用权一并进行抵押，开发商败诉就在所难免。

2. 故意隐瞒抵押事实应承担的赔偿责任

根据《最高人民法院关于审理商品房买卖合同纠纷案件适用法律若干问题的解释》第九条规定，出卖人订立商品房买卖合同时，具有下列情形之一，导致合同无效或者被撤销、解除的，买受人可以请求返还已付购房款及利息、赔偿损失，并可以请求出卖人承担不超过已付购房款一倍的赔偿责任：

（一）故意隐瞒没有取得商品房预售许可证明的事实或者提供虚假商品房预售许可证明；

（二）故意隐瞒所售房屋已经抵押的事实；

（三）故意隐瞒所售房屋已经出卖给第三人或者为拆迁补偿安置房屋的事实。

因此，在本案中开发商因隐瞒抵押行为，应承担原告购房后其实际支付的契税、公共维修基金、产权登记费、物业费、水电费等全部费用在内的一倍赔偿要求，数额合理，理由正当，法院予以支持。

法律依据

《中华人民共和国担保法》

第四十九条 抵押期间，抵押人转让已办理登记的抵押物的，应当通知抵押权人并告知受让人转让物已经抵押的情况；抵押人未通知抵押权人或者未告知受让人的，转让行为无效。

转让抵押物的价款明显低于其价值的，抵押权人可以要求抵押人提供相应的担保；抵押人不提供的，不得转让抵押物。

抵押人转让抵押物所得的价款，应当向抵押权人提前清偿所担保的债权或者向与抵押权人约定的第三人提存。超过债权数额的部分，归抵押人所有，不足部分由债务人清偿。

《最高人民法院关于适用〈中华人民共和国担保法〉若干问题的解释》

第六十七条 抵押权存续期间，抵押人转让抵押物未通知抵押权人或者未告知受让人的，如果抵押物已经登记的，抵押权人仍可以行使抵押权；取得抵押物所有权的受让人，可以代替债务人清偿其全部债务，使抵押权消灭。受让人清偿债务后可以向抵押人追偿。

如果抵押物未经登记的，抵押权不得对抗受让人，因此给抵押权人造成损失的，由抵押人承担赔偿责任。

《中华人民共和国物权法》

第一百九十一条 抵押期间，抵押人经抵押权人同意转让抵押财产的，应当将转让所得的价款向抵押权人提前清偿债务或者提存。转让的价款超过债权数额的部分归抵押人所有，不足部分由债务人清偿。

抵押期间，抵押人未经抵押权人同意，不得转让抵押财产，但受让人代为清偿债务消灭抵押权的除外。

《最高人民法院关于审理商品房买卖合同纠纷案件适用法律若干问题的解释》

第九条 出卖人订立商品房买卖合同时，具有下列情形之一，导致合同无效或者被撤销、解除的，买受人可以请求返还已付购房款及利息、赔偿损失，并可以请求出卖人承担不超过已付购房款一倍的赔偿责任：

（一）故意隐瞒没有取得商品房预售许可证明的事实或者提供虚假商品房预售许可证明；

（二）故意隐瞒所售房屋已经抵押的事实；

（三）故意隐瞒所售房屋已经出卖给第三人或者为拆迁补偿安置房屋的事实。

《城市房地产抵押管理办法》

第三条 本办法所称房地产抵押，是指抵押人以其合法的房地产以不转移占有的方式向抵押权人提供债务履行担保的行为。债务人不履行债务时，债权人有权依法以抵押的房地产拍卖所得的价款优先受偿。

本办法所称抵押人，是指将依法取得的房地产提供给抵押权人，作为本人或者第三人履行债务担保的公民、法人或者其他组织。

本办法所称抵押权人，是指接受房地产抵押作为债务人履行债务担保的公民、法人或者其他组织。

本办法所称预购商品房贷款抵押，是指购房人在支付首期规定的房价款后，由贷款银行代其支付其余的购房款，将所购商品房抵押给贷款银行作为偿还贷款履行担保的行为。

本办法所称在建工程抵押，是指抵押人为取得在建工程继续建造资金的贷款，以其合法方式取得的土地使用权连同在建工程的投入资产，以不转移占有的方式抵押给贷款银行作为偿还贷款履行担保的行为。

第六条 国家实行房地产抵押登记制度。

第四十九条 抵押人擅自以出售、出租、交换、赠与或者以其他方式处分抵押房地产的，其行为无效；造成第三人损失的，由抵押人予以赔偿。

二、一房二卖，合同是否应该解除?

典型案例

原告郭萌与被告刘嘉房屋买卖合同纠纷一案，本院受理后，依法组成合议庭，公开开庭进行了审理。原告郭萌之委托代理人蒋秀峰到庭参加了诉讼，被告刘嘉经本院合法传唤，未到庭参加诉讼。本案现已审理终结。

原告郭萌诉称，2011 年 4 月 10 日，原、被告通过北京顺益兴联行房地产经纪有限公司签订《北京市存量房屋买卖合同》，向被告购买了位于北京市朝阳区东三里屯中 ××× 室，房屋面积为 59.04 平方米，约定购房总价为 168 万元。签订合同当日，原告支付定金 33 万元，次日另支付购房款 81 万元。2011 年 4

月27日办理过户手续时，朝阳区房屋管理局告知该房屋已于4月26日被朝阳区人民法院查封，无法办理过户手续。2011年6月2日，原告诉刘嘉一案正式立案，要求继续履行与刘嘉签订的房屋买卖合同，2011年6月27日，原告旁听了黄×××诉刘嘉、樊×××、链家公司房屋买卖合同纠纷一案时才得知，刘嘉于2010年9月14日通过链家公司就该房屋与黄×××签订了房屋买卖合同。2011年8月3日，朝阳区人民法院审理了原告诉刘嘉一案之后，2011年9月20日，法院通知原告与黄×××案合并审理，并作为第三人参加诉讼。最终二审法院以一审法院判决违反法定程序为由发回重审。经过重审、二审审理，法院均认定原告与刘嘉、刘嘉与黄×××所签订的房屋买卖合同合法有效，终审法院认定应当继续履行刘嘉与黄×××所签订的房屋买卖合同，致使原告与刘嘉所签的房屋买卖合同无法履行。原告认为，刘嘉与原告所签订的房屋买卖合同合法有效，并经法院认定。刘嘉之前就已经与黄×××签订了房屋买卖合同，故意隐瞒所售房屋已经出卖给黄×××的事实，属于一房二卖。刘嘉违背诚实信用原则，收取原告定金、购房款，原告为房屋买卖事宜交纳了契税，并为刘嘉交纳了契税、营业税、个人所得税、城市维护建设税以及教育费附加等费用。刘嘉的行为违反了合同法及房屋买卖合同的规定，构成违约，原告有权解除合同。刘嘉应当退还原告上述定金、购房款并支付利息，赔偿原告因无法过户造成的信赖利益损失。现诉至法院，请求判令：1. 要求解除原告郭萌与被告刘嘉签订的《北京市存量房屋买卖合同》；2. 要求被告刘嘉退还原告已支付购房定金33万元及购房款81万元，并按照中国人民银行同期贷款利率支付自2011年4月11日至返还之日止的利息；3. 要求被告刘嘉赔偿原告诉争房屋的市场差额损失127.2万元；4. 要求被告刘嘉赔偿原告中介费25200元、税费36000元、装修费28000元、之前案件的一审诉费2394元、公告费260元、二审诉费20862元和19408元、公告费500元、律师费16万元；5. 本案诉讼费用由被告承担。

经审理查明：2011年4月10日，刘嘉（甲方）与郭萌（乙方）签订《北京市存量房屋买卖合同》，主要内容为：第一条：房屋基本情况，甲方确认其名下的房产依据国家相关规定，已依法取得北京市朝阳区东三里屯中×××号房屋所有权证书，该房屋的格局为三居，建筑面积59.04平方米；第二条：房屋权属情况，该房屋的抵押状态为已经设定抵押，抵押权人为交通银行、北京汇福源典当行，贷款未还余额109万元，贷款余额由甲方自行还清；第三条：交易方式，甲乙双方是通过北京顺益兴联行房地产经纪有限公司的居间服务促成双方签订协议，居间费用为25200元，由乙方承担；第四条：交易价格，甲乙双方同意上述房产的成交价款为168万元；第五条：付款方式，一、一次性付款购买，乙方应在签订本合同时支付甲方购房定金33万元整，购房款的支付方式约定2011年4月11日，乙方应于40个工作日之前向甲方支付全部购房款（包括已付购房定金）；第六条：房屋产权、具体状况的承诺及房屋的交付，一、甲方应当保证该房屋没有产权纠纷，因甲方原因造成该房屋不能办理产权登记或发生债权债务纠纷的，由甲方承担全部责任；五、甲方向乙方交付房屋的时间为2011年5月10日前；第七条：产权转移变更登记，一、甲乙双方经协商在签订本合同后40个工作日内相互配合向房屋所在区房地产交易所申请办理房屋买卖产权转移变更登记手续；二、甲乙双方办理该房屋产权转移变更登记时发生的各项税费及相关费用，由乙方承担；第八条：违约责任，五、恶意行为的违约责任，1.合同履行过程中，甲方将该房屋出卖给第三人，该房屋未办理房屋权属转移登记时，乙方有权要求甲方继续履行本合同，并要求甲方支付由此给乙方造成的损失（损失包括但不限于交通费、诉讼费及律师费等相关发生的费用）；2.甲方将该房屋出卖给第三人，导致乙方不能取得房屋所有权证的，乙方有权解除合同，甲方应当自解除通知送达之日起七日内退还乙方全部已付款项（包括但不限于购房定金、首付款及发生的相关所有费用等），同时乙方有权要求甲方按照购房总价的30%向其支付违约金；3.合同履行过程中，由于甲乙双方任意一方提供虚假信息或未如实告知房屋居住情况，致使买卖房屋目的不能实现或导致合同无效、被撤销，双方均有权按照与北京顺益兴联行房地产经纪有限公司签订的《房屋买卖居间合同》第七条第二款的约定要求对方承担违约责任；第十一条：争议解决方式，本合同履行过程中发生争议时，甲乙双方应协商解决，协商不成的，任何一方均有权向合同签订地的人民法院提起诉讼，合同签订为北京顺益兴联行房地产经纪有限公司，地址北京市西城区平安里西大街×号。

2011年4月10日，刘嘉（甲方）、郭萌（乙方）及北京顺益兴联行房地产经纪有限公司（丙方）签订《房屋买卖居间合同》，主要内容为：第三条：丙方的居间义务，一、丙方的居间费用为25200元，即房屋成交总额的1.5%；二、甲乙双方建立买卖关系，并签署《北京市存量房屋买卖合同》，丙方的居间义务已履行完毕，甲乙双方共同确定丙方支付的居间费用的承担方式为由乙方承担支付；三、居间费用的支付时间2011年4月30日以前支付；第七条：违约责任，甲乙双方任何一方在履行本合同及《北京市存量房屋买卖合同》过程中，甲乙双方任何一方未按约定履行自己的相应义务或由于甲乙双方任何一方的过错导致本合同或《北京市存量房屋买卖合同》无效、被撤销情形的，导致房屋权属转移目的不能实现时，视为违约，违约方为甲方的，甲方应于三个工作日内双倍返还乙方支付的定金及乙方发生的税费及各项费用等，甲方所支付的费用自行承担。

上述合同签订后，郭萌于2011年4月10日支付刘嘉定金5万元、于2011年4月11日支付刘嘉定金28万元、购房款81万元。

2011年4月27日，郭萌交纳了涉案房屋契税4800元，并代刘嘉交纳了涉案房屋营业税、个人所得税、城市维护建设税、教育费附加共计31200元。

2011年郭萌将刘嘉起诉至朝阳区法院，要求刘嘉将涉案房屋过户至郭萌名下，并赔偿律师费、逾期交房违约金等。因案外人黄×××就涉案房屋也起诉刘嘉，因此，朝阳区法院将两案合并审理，并作出（2011）朝民初字第17610号民事判决。郭萌不服此判决，上诉至北京市第二中级人民法院，北京市第二中级人民法院作出（2012）二中民终字第13072号民事裁定书，以一审法院判决违反法定程序为由，发回朝阳区法院重审。朝阳区法院予以分别立案，其中一个案件为郭萌诉刘嘉、第三人北京顺益兴联行房地产经纪有限公司、第三人黄×××。朝阳法院查明：位于北京市朝阳区东三里屯中×××号房屋为私产，所有权自2009年9月24日起登记在刘嘉名下，刘嘉与樊×××原为夫妻关系，二人于2006年10月30日登记结婚，2009年12月11日登记离婚；2010年9月14日，黄×××（乙方）与刘嘉（甲方）签订《北京市存量房屋买卖合同》，并共同与链家公司（丙方）签订《补充协议》《居间成交确认书》《过户、按揭代理合同》，约定黄×××向刘嘉购买涉案房屋，房屋成交价为1470000元，居间报酬为25725元，代书费及过户费10350元；2010年9月13日，黄×××向刘嘉支付定金2万元，由樊×××代为收取，2010年9月17日，黄×××以银行转账方式向刘嘉支付购房款780000元，由樊×××代收，2010年12月14日，黄×××又向刘嘉转账支付购房款670000元；2011年4月19日，北京顺益兴联行房地产经纪有限公司受刘嘉、郭萌的委托就涉案房屋进行了网签；2011年4月25日，刘嘉、郭萌就涉案房屋办理了解押手续；2011年4月26日，黄×××向朝阳区法院提起诉前财产保全申请，朝阳区法院于2011年4月27日对涉案房屋予以查封；2011年4月27日，郭萌就涉案房屋买卖事宜交纳契税、并以刘嘉名义交纳营业税、个人所得税、城市维护建设税、教育费附加；同日，刘嘉、郭萌递交房屋所有权转移登记申请书，因涉案房屋已被法院查封，转移登记未能完成；2011年5月6日，黄×××以房屋买卖合同纠纷将刘嘉、樊×××及链家公司诉至朝阳区法院；2011年6月2日，郭萌以房屋买卖合同纠纷将刘嘉诉至朝阳区法院；2011年6月，刘嘉、郭萌就涉案房屋办理了交接手续，郭萌开始占有涉案房屋。朝阳区法院认为：案件属于典型一房二卖，根据现行法律及民事审判实践，应当支持黄×××所提出的继续履行合同的诉讼请求，判决驳回了郭萌的全部请求。郭萌上诉后，北京市第三中级人民法院于2014年9月16日终审判决，驳回上诉，维持原判；公告费520元，由刘嘉负担260元，由郭萌负担260元（已支付），一审案件受理费20862元，由刘嘉负担，二审案件受理费20862元，由郭萌负担（已交纳）。

庭审中，郭萌出示发票、收据及银行汇款凭证各一张，其表示因涉案房屋诉讼支付了律师费共计16万元。郭萌还表示因对涉案房屋进行装修，支付了装修款28000元，并出示收据一张，内容为：今收到房屋装修款人民币28000元，日期为2011年7月20日，盖有诚信装饰专用章。

诉讼中，依据郭萌的申请，经北京市高级人民法院摇号确定委托北京仁达房地产评估有限公司对涉案房屋进行价值评估。2015年12月11日，北京仁达房地产评估有限公司出具评估报告书，评估结果为涉案房屋价值总额为280.72万元。

上述事实，有北京市存量房屋买卖合同、房屋买卖居间合同、2013年朝民初字第42331号民事判决书、2014年三中民终字第7958号民事判决书、定金收据、购房款收据、缴费凭证、银行汇款凭证、律师费发票、律师费收据、诉讼费收据、公告费收据、装修费收据、评估报告书及当事人陈述等证据在案佐证。

本院认为：被告经本院合法传唤未到庭参加诉讼，视其放弃答辩和质证的权利。原、被告订立的合同，内容不违反法律、行政法规的强制性规定，应属合法有效，双方均应履行各自权利义务。因涉案房屋已经法院终审判决认定过户至黄 ××× 名下，因此，郭萌与刘嘉的《北京市存量房屋买卖合同》将不能继续履行，合同目的无法实现，现郭萌主张解除其与刘嘉的《北京市存量房屋买卖合同》，于法有据，本院予以支持。合同解除后，郭萌要求刘嘉退还定金 33 万元、购房款 81 万元，并按照同期人民银行贷款利率支付 2011 年 4 月 11 日至实际退还之日的利息，理由正当，本院予以支持。上述合同无法履行，系刘嘉一房二卖所致，其对合同的解除存在过错，现郭萌要求刘嘉支付由此产生损失，包括中介费、税费、诉讼费、公告费、律师费，本院予以支持。税费中以郭萌名义交纳的契约，应当向税务部门申请退还。诉讼费、公告费应当依据以北京市第三中级人民法院判决中列明的由郭萌负担的数额为准。郭萌主张的房屋差价损失，本院依据评估机构作出的评估结果，酌情予以支持。郭萌主张装修费，未列明装修房屋的位置，且没有装修单位的公章及财务专用章，亦没有提供装修合同，本院对此不予采纳。被告经本院合法传唤，无正当理由未到庭参加诉讼，本院依法缺席审理。判决如下：

一、原告郭萌与被告刘嘉于二〇一一年四月十日签订的《北京市存量房屋买卖合同》解除。

二、自本判决生效后七日内，被告刘嘉退还原告郭萌定金三十三万元、购房款八十一万元及利息（以一百一十四万元为基数，自二〇一一年四月十一日起至实际退还定金、购房款之日止，按照同期人民银行贷款利率计算）。

三、自本判决生效后七日内，被告刘嘉赔偿原告郭萌中介费二万五千二百元、税费三万一千二百元、诉讼费二万零八百六十二元、公告费二百六十元、律师费十六万元、房屋差价损失九十万元。

四、驳回原告郭萌的其他诉讼请求。

如果被告刘嘉未按本判决指定的期间履行给付金钱义务，应当依照《中华人民共和国民事诉讼法》第二百五十三条之规定，加倍支付迟延履行期间的债务利息。

案件受理费二万八千四百三十七元，由原告郭萌负担四千四百九十一元（已交纳），由被告刘嘉负担二万三千九百四十六元（于本判决生效后七日内交纳）。

公告费二百六十元、评估费七千六百元，由被告刘嘉负担（于本判决生效后七日内交纳）。

律师点评

1. 关于一房二卖

关于一房二卖的法律后果，首先要区分是一手房买卖还是二手房买卖，如果在一手房交易过程中存在一房二卖的欺骗行为，适用《最高人民法院关于审理商品房买卖合同纠纷案件适用法律若干问题的解释》，可以要求开发商承担双倍的赔偿。如果是二手房买卖中存在一房二卖的情形，例如本案，可以要求出卖方返还已付购房款及利息、双倍返还定金、支付违约金或赔偿损失。

其次是要注意区分合同诈骗罪与民事欺诈，合同诈骗罪是指以非法占有为目的，在签订、履行合同过程中，采取虚构事实或者隐瞒真相等欺骗手段，骗取对方当事人的财物，数额较大的行为，主观方面要求以非法占有为目的，客观上在签订合同时就没有履行合同的能力。民事欺诈是指民事主体在设立、变更、终止民事权利和民事义务的过程中，故意告知对方虚假情况，或者故意隐瞒真实情况，诱使对方做出错误的表示的行为，在房屋买卖中，一方的故意隐瞒诱使另一方认识错误并与之订立合同，不具有非法占有公私财物的目的，例如，出卖方为了获得更高的利润将房屋高价出卖给第三方，对于前一买受人已支付的购房款并没有非法占有的目的时为民事欺诈；如果出卖方在订立合同之初，就毫无履行合同的本意，以非法侵占买受人购房款为目的，一房二卖甚至一房多卖，如果涉嫌合同诈骗罪的应向公安机关报案，并由其立案并侦查之后决定是否移送检察机关审查起诉。

2. 关于被告缺席

在本案中，被告经过法院合法传唤未到庭参加诉讼，视其放弃答辩和质证的权利，法院可以在被告缺席的情况下审理并做出判决。在现实当中，很多当事人会问到律师，这个事情利益与我无关或者因其他原因不能出席庭审，是不是可以不去，笔者的答案是否定的，建议当事人无论原告还是被告或者只是案件追加的第三人，也不要放弃答辩和质证的权利，应当出庭参加庭审或委托律师参加庭审，切勿收到传票不予理睬，无正当理由拒绝出庭，到判决时再后悔，已经错过了法定的程序。

3. 关于主张赔偿律师费

在民事诉讼中，很多当事人认为自己支付的律师费应由败诉的被告或第三人承担，但是，在目前我国的审判当中，律师费在判决中往往是不予支持的，只有以下几种情况，才会支持律师费的主张，（1）合同纠纷案件中，债权人行使撤销权的情形。法律依据：《最高人民法院关于适用〈中华人民共和国合同法〉若干问题的解释（一）》第二十六条，债权人行使撤销权所支付的律师代理费、差旅费等必要费用，由债务人负担；第三人有过错的，应当适当分担。（2）著作权民事纠纷案件。（3）商标民事纠纷案件。（4）专利纠纷案件。（5）担保权纠纷案件。（6）不正当竞争案件。（7）人身损害赔偿、名誉侵权、交通肇事案件。（8）法律援助案件。（9）仲裁案件。（10）法院的典型案例和指导意见。（11）双方在民事合同中明确约定的，关于这一点，也是笔者在平时办案中，指导房屋买卖双方在订立合同时，提醒双方应注意的问题，双方可在合同中明确约定律师费由败诉方承担，以便买卖双方在出现争议时可以尽可能快地解决纠纷。

三、买卖双方签订合同后，因房屋价格上涨，卖方不想继续履行，是否承担违约责任?

典型案例

2016 年 3 月 26 日，乔侠（买受人）与黄君（出卖人）经满懿（北京）房地产咨询有限公司（以下简称满懿公司）居间介绍签订《北京市存量房屋买卖合同》。双方约定：出卖人所售房屋位于北京市朝阳区 ×× 号，房屋建筑面积 130.71 平方米；该房屋已经设定抵押；房屋成交价格为 400 万元，房屋内的家具、家电、装饰装修及该房屋的配套设施设备等作价171万元，作价款项由买受人一并支付给出卖人；买受人向出卖人支付定金20万元；买受人向银行申办购房按揭贷款，拟贷款280万元；出卖人与买受人应于本合同签署后90工作日内向税务部门及房屋权属登记部门申请办理缴税及权属转移登记手续。合同签订后，买受人将定金20万元交付给出卖人，并支付给居间方满懿公司83650元。后因周围房屋价格上涨，出卖人不同意继续履行房屋买卖合同，要求返还定金并承担买受方的居间服务费，解除合同。买受人认为对方违背约定，应赔偿自己的经济损失。

原告认为：原告通过满懿（北京）房地产咨询有限公司购买被告位于北京市朝阳区××号的房屋，并与被告签订《房屋买卖合同》，与满懿（北京）房地产咨询有限公司签订《房屋交易保障服务合同》及《补充协议》，总房款为571万元。原告通过现金及网上转账方式向被告交付20万元定金，向满懿（北京）房地产咨询有限公司交付83650元居间服务费。后被告发信息给原告表示不再卖此房屋，而且不承担违约责任，致使原告合同目的无法实现。现原告起诉，要求解除《房屋买卖合同》，要求被告给付违约金114.2万元、赔偿居间服务费损失83650元、返还定金20万元、赔偿房屋差价损失96万元。

被告认为：双方于2016年3月26日下午签约，被告于3月28日下午通知原告因公司用钱，付款时间满足不了需要且被告要买的另外一套房屋卖方不卖了，故通知原告返还定金。4月4日双方商谈时，被告提出同意负担中介费损失，但原告不同意。被告于4月20日左右再联系原告，得知对方已起诉。双方买卖合同存在重大瑕疵，贷款的按揭、付款时间都未确定，没有保护被告权益。因合同已经解除，原告再起诉解除合同没有意义。被告只收取定金，合同没有开始履行，并在3月28日就通知原告不卖房，主动要求返还定金并商谈其他事宜，故被告未给原告造成多少资金损失。原告主张违约金过高，违反公平原则。中介费由居间服务费55100元及保障服务费28550元构成，在中介并未提供贷款、过户等服务的情况下，中介不应收取这么多居间费、保障服务费。

法院审理查明：北京市朝阳区××号房屋的所有权人登记在被告名下。

2016年3月26日，原告（买受人）与被告（出卖人）经满懿（北京）房地产咨询有限公司（以下简称满懿公司）居间介绍签订《北京市存量房屋买卖合同》。双方约定：出卖人所售房屋位于北京市朝阳区 ×× 号，房屋建筑面积 130.71 平方米；该房屋已经设定抵押；房屋成交价格为 400 万元，房屋内的家具、家电、装饰装修及该房屋的配套设施设备等作价 171 万元，作价款项由买受人一并支付给出卖人；买受人向出卖人支付定金 20 万元；买受人向银行申办购房按揭贷款，拟贷款 280 万元；出卖人与买受人应于本合同签署后 90 工作日内向税务部门及房屋权属登记部门申请办理缴税及权属转移登记手续。

当日，原告（乙方）与被告（甲方）签订《补充协议》。约定：交易房屋的总价款（包括房屋成交价款和家具家电、装饰装修和配套设施作价）571 万元；甲乙双方应于网签当日共同前往贷款机构办理贷款申请及签约等相关手续；乙方应于 2016 年 4 月 20 日前将除贷款外的第一笔购房款 80 万元支付甲方、于 2016 年 7 月 30 日之前将除贷款外的第二笔购房款 191 万元支付甲方；双方于 2016 年 10 月 30 日之前前往房屋登记机构办理房屋所有权转移登记手续；甲方拒绝将交易房屋出售给乙方或者擅自提高房屋交易总价的，甲方构成根本违约，乙方有权以书面通知的方式解除房屋买卖合同，并要求甲方承担违约责任；甲方出现根本违约情形的，甲方应在根本违约情形发生之日起 15 日内，按房屋交易总价的 20% 向乙方支付违约金；丙方收取的所有费用不予退还，由支付方向违约方追索。

合同签订后，原告给付被告购房定金 20 万元。

审理中，原告主张被告于 2016 年 4 月 3 日提出不再出售房屋。被告主张其于 2016 年 3 月 28 日告知原告因自身原因不再出售房屋。

审理中，原告主张其向满懿公司支付居间服务费总计 83650 元，其中包括居间服务费 55100 元、保障服务费 28550 元，并向本院提供《房屋交易保障服务合同》、银行账户明细、发票等。原告主张根据房屋现价计算，被告违约行为造成其房屋差价损失 96 万元；并认可其于 2016 年 5 月另行购买房屋。

以上事实，有相关书证、双方当事人陈述等在案佐证。

法院认为：原告与被告之间的《北京市存量房屋买卖合同》系双方当事人真实意思表示，且不违反法律法规强制性规定，合法有效。在合同履行过程中，被告向原告提出不再继续履行合同，已构成根本性违约，原告享有合同解除权。原告要求解除房屋买卖合同、被告返还定金，本院予以支持。原告要求被告按合同约定标准支付违约金，但因该约定标准过高，本院将以实际损失为基础，酌情确定违约金的数额。原告要求被告赔偿居间服务费损失合理，本院予以支持。原告要求被告赔偿房屋差价损失96万元，证据不足，本院不予支持。

判决：

一、解除原告乔侠与被告黄君之间签订的《北京市存量房屋买卖合同》。

二、被告黄君于本判决生效后七日内给付原告乔侠违约金三十万元。

三、被告黄君于本判决生效后七日内赔偿原告乔侠居间服务费损失八万三千六百五十元。

四、被告黄君于本判决生效后七日内退还原告乔侠购房定金二十万元。

五、驳回原告乔侠其他诉讼请求。

律师点评

1. 房屋买卖合同签订后，已经对买卖双方产生约束。

根据我国合同法等法律规定，缔约的双方，在平等的基础上，通过协商达成一致，签订的合同是受法律保护的，买卖双方应当按照合同约定，去履行合同。在此，笔者提醒广大读者，签订房屋买卖合同时，合同内的各项条款应当认真阅读，不要听信任何一方的“承诺”或“口头约定”，因为签订合同后，一切以书面的合同约定为准。

2. 房屋买卖合同内约定的违约条款，是悬挂在买卖双方头顶上的一把利剑。

双方签订的买卖合同，如果其中一方不遵守约定，那么，合同中的违约条款就会启动，守约的一方随时可以请求法院对自己进行救济，维护自己的合法权益。本案中，即使买受人只交付了定金，合同履行的程度并没有太深，但是出卖人拒绝出卖房屋，已经根本违反合同约定，所以法院判决违约的出卖人承担违约责任，支付巨额的违约金。

同时，因为合同履行的程度不深，出卖人也在积极地通知买受人解除合同，没有使买受人受到更大的损失，买卖房屋周边的价格波动，也没有被法院直接认定为房屋差价，而是考虑到计算违约金的数额中，所以最终没有让出卖人承担全额的违约金。

法律依据

《中华人民共和国合同法》

第六十条 当事人应当按照约定全面履行自己的义务。

当事人应当遵循诚实信用原则，根据合同的性质、目的和交易习惯履行通知、协助、保密等义务。

第九十四条 有下列情形之一的，当事人可以解除合同：

（一）因不可抗力致使不能实现合同目的；

（二）在履行期限届满之前，当事人一方明确表示或者以自己的行为表明不履行主要债务；

（三）当事人一方迟延履行主要债务，经催告后在合理期限内仍未履行；

（四）当事人一方迟延履行债务或者有其他违约行为致使不能实现合同目的；

（五）法律规定的其他情形。

第九十七条 合同解除后，尚未履行的，终止履行；已经履行的，根据履行情况和合同性质，当事人可以要求恢复原状、采取其他补救措施，并有权要求赔偿损失。

四、开发商因为无法竣工验收延期交付房屋，买受人能否要求对方支付违约金？

典型案例

2016 年 9 月 16 日，赵飞与梓韵公司签订了《北京市商品房预售合同》，合同约定：梓韵公司将位于平谷区马坊工业区西区 × 号房屋出售给赵飞，房屋总款为 1262688 元，梓韵公司应在 2017 年 8 月 30 日前交付房屋，逾期则按日向赵飞支付已付购房款万分之三的违约金。合同签订后，赵飞按照合同约定支付了全部购房款，但梓韵公司却未按时交房，导致赵飞不能入住。

原告认为：2016年9月16日，赵飞与梓韵公司签订了《北京市商品房预售合同》，合同约定：梓韵公司将位于平谷区马坊工业区西区×号房屋出售给赵飞，房屋总款为1262688元，梓韵公司应在2017年8月30日前交付房屋，逾期则按日向赵飞支付已付购房款万分之三的违约金。合同签订后，赵飞按照合同约定支付了全部购房款，但梓韵公司却未按时交房，导致赵飞不能入住。依法成立的合同对双方具有约束力，梓韵公司逾期交房，应该按照合同约定向赵飞支付违约金。故赵飞诉至法院。

被告认为：一、梓韵公司未按时交房系因政府审批原因不可抗力因素导致，按照合同约定梓韵公司不应承担违约责任。涉案项目于2015年取得建筑工程规划许可证，2016年取得京房售证字（2016）130号预售许可证。梓韵公司取得规划许可时，建委要求涉案项目配建6平方米的配电室，但是在报建委进行竣工验收时，建委因北京市政府下发的新规定对于文件下发前的规划许可要求作出修改才予以审批通过。梓韵公司重新开始设计规划，导致验收推迟，系因政府审批原因迟延交房，且梓韵公司已在第一时间通知赵飞因政府审批原因延迟交房。涉案项目于2017年11月初取得全部竣工验收手续。同时，根据梓韵公司与赵飞签署的《〈北京市商品房预售合同〉之补充协议》（以下简称补充协议）第五条第二款："出卖人由于不可抗力的原因或者政府审批方面的原因不能按《北京市商品房预售合同》第十二条第（一）款约定日期交房的，出卖人应在该时间发生之日起30日内告知买受人，出卖人可据实予以延期，并且不承担违约责任。"2017年8月初，涉案房屋项目已经具备验收交付条件，但因政府审批问题导致房屋延迟交付，梓韵公司不应承担违约责任。二、梓韵公司已于2017年11月30日通知赵飞收房。涉案项目于2017年11月底取得审批手续，梓韵公司通知赵飞前来收房。自2017年12月初业主开始收房，目前除个别业主外，已经全部收房。赵飞因个人原因拒绝收房，由此造成的损失应由其承担。三、合同中约定违约金过高，应当予以驳回。根据《中华人民共和国合同法》第一百一十四条，《最高人民法院关于适用〈中华人民共和国合同法〉若干问题的解释（二）》第二十七条、第二十九条，《最高人民法院关于审理商品房买卖合同纠纷案件适用法律若干问题的解释》第十六条的规定，当事人以约定的违约金过高为由请求减少的，应当以违约金超过造成损失的30%为标准适当减少；其损失的金额，应依照该解释第十七条第三款的规定，逾期交付使用房屋的，按照逾期交付使用房屋期间有关主管部门公布或者有资格的房地产评估机构评定的同地段同类房屋租金标准确定。违约金数额应当以实际损失为基础。合同法对违约金的规定以补偿性为主，以惩罚性为辅，同时相关司法解释强调违约金的数额应以实际损失为基础，违约金的立法目的是督促合同双方积极履行合同义务。本案中，梓韵公司不存在任何怠于履行合同义务的情形，多次积极同政府各部门、市政各部门沟通，以期能按时交房，未能按期交付房屋并非梓韵公司所能预期。且涉案小区并非保障房性质，赵飞并非买来自己居住，没有实际损失。涉案房屋所在地70平方米房屋的月租金标准一般为1000元，合同中约定的违约金过高。赵飞主张的逾期交房违约金的起止时间没有事实和法律依据。此外对违约金的认定还应兼顾合同的履行情况、公共利益、当事人获得利益等综合因素考虑。故梓韵公司请求法院对赵飞主张的违约金予以驳回、减少。四、梓韵公司积极与各位业主接洽，并且大批业主已经签署调解书，如果当事人要求的违约金数额过高，会在相当程度上恶化梓韵公司的财产状况，使梓韵公司丧失继续正常经营的条件，损害小区其他业主的利益，造成更多社会问题，同时引发多重矛盾。五、赵飞存在违法行为。按照梓韵公司与赵飞签署的《北京市商品房预售合同》附件五中付款方式及期限的约定，赵飞应在规定的时间之前将贷款足额付至出卖人指定的账户，而实际上赵飞并未按照合同约定的时间支付款项，按照合同约定应当承担逾期付款违约金。梓韵公司通知赵飞并要求其按照约定时间收房并且支付房屋差价款，按照双方签署的合同约定，对于逾期补款的，梓韵公司不承担延迟交房的违约责任。尽管梓韵公司交付房屋有所迟延，但赵飞损失甚小，希望法院从维护社会稳定，保障企业正常经营的角度出发，本着补偿性为主、惩罚性为辅的原则和违约救济的理念，根据过错程度、获得利益情况，驳回赵飞的诉讼请求。

法院审理查明：2016年9月16日，梓韵公司作为出卖人与作为买受人的赵飞签订了《北京市商品房预售合同》，约定赵飞购买梓韵公司开发建设的位于平谷区马坊工业区西区×号房屋。合同的第五条约定，该商品房总价款1262688元。合同第十二条约定：（一）出卖人应当在2017年

8月30日前向买受人交付该商品房;（二）该商品房交付时应当符合下列第1、2、3项所列条件：1.该商品房已取得规划验收批准文件和建筑工程竣工验收备案表；2.有资质的房产测绘机构出具的该商品房面积实测技术报告书；3.满足第十三条中出卖人承诺的市政基础设施和其他设施达到的条件。合同第十三条约定：1.市政基础设施：（1）上水、下水于2017年8月30日达到交付使用条件；（2）市政双路供电于2017年8月30日达到交付使用条件；（3）供暖于2017年8月30日达到交付使用条件；（4）燃气于2017年8月30日达到交付使用条件……合同第十四条约定：除不可抗力外，出卖人未按照第十二条约定的期限和条件将该商品房交付买受人的，按照下列第1种方式处理：1.按照逾期时间，分别处理：（1）逾期在60日之内，自第十二条约定的交付期限届满之次日起至实际交付之日止，出卖人按日计算向买受人支付已交房价款万分之三的违约金，并于该商品房实际交付之日起30日内向买受人支付违约金，合同继续履行。（2）逾期超过×日（该日期应当与第（1）项中的日期相同）后，买受人有权退房。买受人退房的，出卖人应当自退房通知送达之日起×日内退还全部已付款，并按照买受人全部已付款的×%向买受人支付违约金。买受人要求继续履行合同的，合同继续履行，自第十二条约定的交付期限届满之次日起至实际交付之日止，出卖人按日计算向买受人支付全部已付款万分之×（该比率应当不小于第（1）项中的比率）的违约金，并于该商品房实际交付之日起×日内向买受人支付违约金。双方签订的商品房预售合同的附件十为补充协议，其中第五条第二款约定：出卖人由于不可抗力的原因或政府审批方面的原因不能按《预售合同》第十二条第（一）款约定日期交房的，出卖人应该在该等事件发生之日起30日内告知买受人，出卖人可据实予以延期，并且不承担违约责任等。

法院认为：依法成立的合同具有法律约束力，当事人均应信守，严格按照合同约定行使权利、履行义务。赵飞与梓韵公司签订的《北京市商品房预售合同》系双方真实意思表示，其内容未违反法律、行政法规的强制性规定，依法成立并生效。依据双方当事人签订的商品房预售合同，梓韵公司作为出卖人理应在2017年8月30日前向买受人交付房屋。依本案查明的事实，梓韵公司未能依约履行交房义务，系属违约。本案争议的焦点问题是梓韵公司是否应当承担违约责任，以及其要求酌减违约金的请求是否应予支持。

对于梓韵公司是否应承担违约责任问题。梓韵公司未按期交房，其辩称未按时交房系因政府审批原因不可抗力因素导致，按照协议约定不应承担违约责任。第一，当事人对自己提出的诉讼请求所依据的事实或者反驳对方诉讼请求所依据的事实有责任提供证据加以证明，没有证据或者证据不足以证明当事人的事实主张的，由负有举证责任的当事人承担不利后果。本案中，梓韵公司未提供足够证据证明其逾期交房是由于政府审批原因所致。第二，双方当事人所签商品房预售合同后附件十《补充协议》第五条第二款关于“出卖人由于不可抗力的原因或政府审批方面的原因不能按《预售合同》第十二条第（一）款约定日期交房的，出卖人应该在该等事件发生之日起30日内告知买受人，出卖人可据实予以延期，并且不承担违约责任”之约定，系梓韵公司提供的单方面免除自己责任的格式条款，上述内容明显加重了对方的责任，并排除了对方的主要权利，内容明显不公平、不合理，且梓韵公司也未能提供证据证明其已采取合理的方式提请对方注意免除或者限制其责任的条款，并按照对方的要求，对该条款予以说明，为此上述条款无效。第三，梓韵公司辩称其已于2017年11月30日通知赵飞收房，但赵飞因个人原因拒绝收房，由此造成的损失应由赵飞个人承担。因双方当事人签订的商品房预售合同约定，房屋交付时应已取得规划验收批准文件和建筑工程竣工验收备案表、有资质的房产测绘机构出具的该商品房面积实测技术报告书、满足出卖人承诺的市政基础设施和其他设施达到的条件等。根据本案查明的事实，涉案房屋的燃气在2018年4月时尚未达到交付使用条件，赵飞在涉案房屋不符合收房条件时，有权拒绝接收房屋。梓韵公司的上述抗辩意见，本院不予采纳。综上，梓韵公司逾期交付房屋，应承担违约责任。

对于违约金数额是否应予酌减问题。《最高人民法院关于适用〈中华人民共和国合同法〉若干问题的解释（二）》第二十九条规定，当事人主张约定的违约金过高请求予以适当减少的，人民法院应当以实际损失为基础，兼顾合同的履行情况、当事人过错程度以及预期利益等综合因素，根据公平原则和诚实信用原则予以衡量，并作出裁决。当事人约定的违约金超过造成损失的百分之三十的，一般可以认定为合同法第一百一十四条第二款规定的“过分高于造成的损失”。本院在衡量是否应当减少违约金时，以赵飞的实际损失为基础予以审查判断。赵飞主张因梓韵公司违约，造成的损失包括租金损失、房款利息损失以及占有、使用、收益的损失等。但赵飞就其损失未向本院提供证据予以证实，故本院兼顾合同的履行情况、当事人的过错程度、预期利益，根据公平原则和诚实信用原则，并结合本案实际情况，对梓韵公司应支付给赵飞的违约金数额酌情调整。判决：被告北京梓韵房地产开发有限公司于本判决生效后10日内支付原告赵飞违约金30557元。

律师点评

1. 合同中双方约定的免除一方责任，加重另一方责任的格式条款无效。

在与开发商签订的商品房屋买卖合同中，往往会约定这类加重买方责任，免除卖方责任的可反复适用的格式条款，根据合同法规定，这类格式条款已经违反了相关法律的强制性规定。本案中，双方约定的逾期交房的免责条款就属于此类。

2. 因为政府未通过验收，导致无法交付房屋，是否会免除开发商的违约责任，需要分情况对待。

本案中，一方面开发商无法证明是由于政府的原因通过不了验收，导致无法交付房屋，另一方面，双方约定的逾期交房的免责条款也被认定无效。因此在没有明确的证据证明是由于不可抗力或不可归责于双方原因导致逾期交房的，双方在合同中约定逾期交房违约金的，法院是会支持的。

法律依据

《中华人民共和国合同法》

第八条 依法成立的合同，对当事人具有法律约束力。当事人应当按照约定履行自己的义务，不得擅自变更或者解除合同。

依法成立的合同，受法律保护。

第一百一十四条 当事人可以约定一方违约时应当根据违约情况向对方支付一定数额的违约金，也可以约定因违约产生的损失赔偿额的计算方法。

约定的违约金低于造成的损失的，当事人可以请求人民法院或者仲裁机构予以增加；约定的违约金过分高于造成的损失的，当事人可以请求人民法院或者仲裁机构予以适当减少。

当事人就迟延履行约定违约金的，违约方支付违约金后，还应当履行债务。

《最高人民法院关于适用〈中华人民共和国合同法〉若干问题的解释（二）》

第二十七条　当事人通过反诉或者抗辩的方式，请求人民法院依照合同法第一百一十四条第二款的规定调整违约金的，人民法院应予支持。

第二十八条　当事人依照合同法第一百一十四条第二款的规定，请求人民法院增加违约金的，增加后的违约金数额以不超过实际损失额为限。增加违约金以后，当事人又请求对方赔偿损失的，人民法院不予支持。

第五章　房屋过户及交付使用

一、迟迟未过户，双方责任如何划分？

典型案例

陈某、刘某2002年与原告方北京华普国际大厦有限公司（以下简称华普国际公司）签订了《北京外销商品房预售契约》（以下简称《契约》），购买了北京华普国际大厦×××房，双方约定，2002年5月16日前华普国际公司将房屋交付给原告；同时依所订合同，华普国际公司应在房屋交付后30日内双方共同到北京市房地产市场管理处办理房屋买卖过户手续，并按有关规定申领房屋所有权证。但陈某、刘某二人按约交付房款，在2002年5月交付房屋后，华普国际公司却一直未履行向政府主管部门办理房屋所有权证的义务，导致二人至今依旧无法取得房屋产权证。

原告认为：2002年5月16日，原告与被告北京华普国际大厦有限公司（以下简称华普国际公司）签订了《北京外销商品房预售契约》（以下简称《契约》），购买被告开发的北京华普国际大厦×××房间。依双方合同约定：原告所购的北京华普国际大厦×××房面积152.8平方米，建筑每平方米2446美元，房屋价款合计为美元373748.80元（折合人民币2317242.2元）。被告方应于2002年5月16日前将房屋交付给原告；同时依所订合同，被告应在房屋交付后30日内双方共同到北京市房地产市场管理处办理房屋买卖过户手续，并按有关规定申领房屋所有权证。合同签订后，原告依约充分履行了付款合同义务，但华普国际公司在2002年5月房屋交付后，却一直未履行向政府主管部门办理房屋所有权证的义务，导致原告至今无法取得房屋产权证。而办理房产证手续却因被告长期怠于履行义务而变得杳无音讯，遥遥无期。自2002年至2014年的十余年间，原告及授权委托的业主委员会本着解决问题的诚意，多次往来致函并亲赴被告处就解决房产证问题进行洽商，但被告华普国际公司先以房屋土地及测绘手续不全为由进行开脱，后又多次致函原告声称：房产手续一直尚在办理中，希望原告能耐心等待，并多次言而无信地承诺各种办妥的时间表。但时至今日仍未有任何实质性的结果反而又开始以各种手续还须重新办理为由进行推托。原告认为：原告与华普国际公司签署的《北京市外销商品房预售契约》是双方当事人合法的意思表示，受国内法律保护，被告华普国际公司应充分履行合同义务并按期履行法定办证义务，但近十余年来因被告逾期违约未办理房产证给原告造成了巨大的财产损失。为维护原告的合法权益，依据《中华人民共和国民法通则》《最高法院关于审理商品房买卖合同纠纷案件适用法律若干问题的解释》及《中华人民共和国民事诉讼法》的相关规定，提起诉讼，要求履行《北京外销商品房预售契约》中约定的合同义务，将北京市朝外大街19号华普国际大厦×××房产过户至各原告名下，并限期办完全部房屋所有权初始登记手续；并支付逾期办理房屋过户手续的违约金1776165元。

被告认为：被告方于1993年和北京市住宅建设总公司联合开发建设了位于朝阳门外大街19号的华普国际大厦，建设期间，公司响应了北京市政府“把古都风貌抢回来”的指示，对上述在建工程进行调整改造并被加上了“帽子”。此帽子的设计在建设期间还获得了北京某文件的表彰。因为加了“帽子”，大厦面积增加了，尽管被告方对超出的面积全额补交了土地出让金，但该问题仍然成被告在办理产权证进程中最大的障碍，因为上述的问题在与北京市规划委员会及建设委员会报批过程中，由于个别部门的懒政和不作为致使办理产权证的进度一拖再拖，因为时间过于漫长有些经办人调离或退休，以及办理产权证等国家新政策陆续出台，为了能使华普大厦符合新的报批要求，被告方又对华普大厦做了两次系统的测量，并按新的规定让华普大厦五十八个业主必须全部确认签字。经过被告的努力已有五十六个业主签字，没有签字的业主其中一个是因为产权存在纠纷，另一个因为公司人员调动，暂时无法签字确认，被告方一直在催办此事。

综上所述，被告办理产权的过程中，态度是积极的，一直没有停止过努力，为了能把产权证办下来也承担了许多本不该由被告承担的责任，到目前为止前期的工作基本完成，就等报送建委。因为在办理产权证的过程中时间较长确实也给诸业主带来了很大的麻烦，在这里深表歉意，但是公司在大厦竣工，业主收楼后，被告一直作为业主的出租和收取租金的代理方，不管是在市场好与不好的情况下，被告都能积极为业主寻找租户，按当时的市场租金价格为业主争取最高的租金标准，收取的租金按时汇给业主，在十多年的时间里作为华普大厦的各位业主也收到了可观的经济收益。希望诸位业主能够理解被告这些年所做的努力，坚信在被告上下共同努力下，产权证办理很快会有个结果。也希望法院能考虑公司的处境和难处，对本案酌情裁定。被告在原有设计上加了顶层，导致规划变更，影响产权证办理，后来经过被告协调，规划问题解决了，但因为面积增加，需要重新对房屋进行测绘，测绘报告需要全体业主的签字确认后才能生效，现在还差两个业主未签字，由于这两个业主现在不签字，因为这个障碍，致使无法办理产权手续。关于违约金，如果原告有合同依据，被告同意支付，否则，不同意支付。

法院审理查明，2002 年 5 月 16 日，二原告（作为买方，乙方）与被告（作为卖方，甲方）签订《北京市外销商品房预售契约》，双方约定由乙方购买甲方开发的朝阳区朝阳门外大街北京华普国际大厦 ××× 室房屋，价款为 373748 美元。甲方须于 2002 年 5 月 22 日前将房屋交付给乙方使用。

合同第十五条关于产权登记的约定。出卖人应当在商品房交付使用后，将办理权属登记需由出卖人提供的资料报产权登记机关备案。如因出卖人的责任，买受人不能在规定期限内取得房地产权属证书的，双方同意按下列第二项处理：……2. 买受人不退房，出卖人按已付房价款的 1% 向买受人支付违约金。被告已按照合同约定的时间将房屋交付给原告。

因被告所出售的房屋存在加层建设，导致被告未能及时为原告办理房屋所有权证。经询，被告称目前尚未取得房屋所有权证，暂时无法为原告所购房屋办理房屋所有权证，目前正在积极办理相关手续。

二原告要求按照美元对人民币 1∶6.2 的汇率标准计算购房款数额，并要求被告按照日万分之二点一的标准向二原告支付 2004 年 11 月 1 日至 2014 年 12 月 1 日期间的逾期办理房屋过户手续违约金 1776165 元。

法院认为：二原告与被告所签订的《北京市外销商品房预售契约》不违反法律、行政法规的强制性规定，合法有效，双方当事人均应按照《北京市外销商品房预售契约》的约定履行自己的义务。二原告购买被告开发的房屋，意在获得所购房屋的所有权，双方虽未约定为原告办理房屋所有权的期限，但被告仍应在合理的期限内协助原告办理房屋过户手续，将房屋过户至二原告名下。被告因开发的房屋存在加层建设，导致迟迟未能为原告办理房屋过户手续，被告应承担违约责任。因双方已在《北京市外销商品房预售契约》中明确约定如因出卖人的责任，买受人不能在规定期限内取得房地产权属证书的，出卖人应支付房价款1%的违约金，根据该约定，被告应向二原告支付逾期办理房屋过户手续违约金23172.38元。本院对原告此项请求中过高的部分，不予支持。

二原告要求被告继续履行《北京市外销商品房预售契约》中约定的义务，将房屋过户至二原告名下，并限期办完全部房屋所有权初始登记手续，因二原告所购买的房屋目前尚未具备办理房屋过户条件，本案对二原告的此项诉讼请求不予处理，待房屋具备办理过户条件时，二原告可另行向被告主张相应权利。如果未按本判决指定的期间履行给付金钱义务的，应当依照《中华人民共和国民事诉讼法》第二百五十三条之规定，加倍支付迟延履行期间的债务利息。

律师点评

1. 各方权利责任

本案被告华普国际公司在十几年前已经交付了房屋，二位原告已经取得了房屋，案中房屋买卖合同是合法成立生效，房屋和价款都已交付，但并不意味着房屋的所有权发生转移，房屋所有权的移转应以物权法上规定的变更登记的完成为要件。未办理产权变更登记，仅仅意味着房屋的所有权尚未转移，出卖方的义务尚未履行完毕，对合同效力无任何影响。出卖人不能移转房屋所有权的，买受人有权基于有效的买卖合同要求出卖人承担违约责任，具体的违约责任形式可以是请求实际履行合同，完成变更登记，也可以请求支付违约金或赔偿损失。在房屋可以实际履行变更登记的情况下，只适用实际履行。

2. 法律保护合同的立法宗旨在于维护市场交易的稳定

商品经济社会条件下，买卖关系为市场交易的普遍形式，维护买卖行为的效力稳定性是保护社会正常秩序的必要条件。从近年来法律法规的制定和变化上也可以看出，我国的立法意旨主张更加充分地保障合同尤其是买卖合同的效力稳定。案中合同内容不违反法律强制性规定，并且约定了逾期违约的违约金数额标准，最后法院判决被告华普国际公司承担按照当时合同约定的逾期违约金利率计算出逾期违约金，是尊重合同中当事人的意思自治的表现。

法律依据

《中华人民共和国合同法》

第一百零七条 当事人一方不履行合同义务或者履行合同义务不符合约定的，应当承担继续履行、采取补救措施或者赔偿损失等违约责任。

第一百零八条 当事人一方明确表示或者以自己的行为表明不履行合同义务的，对方可以在履行期限届满之前要求其承担违约责任。

第一百一十四条 当事人可以约定一方违约时应当根据违约情况向对方支付一定数额的违约金，也可以约定因违约产生的损失赔偿额的计算方法。

约定的违约金低于造成的损失的，当事人可以请求人民法院或者仲裁机构予以增加；约定的违约金过分高于造成的损失的，当事人可以请求人民法院或者仲裁机构予以适当减少。

当事人就迟延履行约定违约金的，违约方支付违约金后，还应当履行债务。

《中华人民共和国民事诉讼法》

第二百五十三条 被执行人未按判决、裁定和其他法律文书指定的期间履行给付金钱义务的，应当加倍支付迟延履行期间的债务利息。被执行人未按判决、裁定和其他法律文书指定的期间履行其他义务的，应当支付迟延履行金。

二、房屋质量有瑕疵，购房人应该找谁？

典型案例

吕某某于2010年7月29日与被告经济技术公司签订《定向安置房买卖合同》，购买了位于×75地块×号楼×单元×层×的定向安置房；该房由被告博大经开公司承建，原告于2012年12月收房。2013年9月10日左右因楼上×

室装修进行地暖改造，发现客厅顶板出现裂缝、漏水，随后卧室和卫生间均出现裂缝、漏水现象。吕某某认为房屋出现裂缝和漏水这些问题与开发商建的楼房质量有着极大的关系，楼上邻居的地暖改造也是原因之一，于是将开发商公司、建设公司和楼上邻居范某某告上法庭。

原告认为：原告为北京经济技术开发区河西区×75地块拆迁安置对象，于2010年7月29日与被告经济技术公司签订《定向安置房买卖合同》，购买了位于×75地块×号楼×单元×层×的定向安置房；该房由被告博大经开公司承建，原告于2012年12月收房。现该地块已更名为南海家园三里，楼号重新核定为×号楼。2013年9月10日左右因楼上×室装修进行地暖改造，发现客厅顶板出现裂缝、漏水，随后卧室和卫生间均出现裂缝、漏水现象。原告遂将楼上×室房主即被告范某某诉至贵院，经法院委托北京市建筑工程研究院建设工程质量司法鉴定中心2014年8月出具司法鉴定意见，受损房屋顶板施工缝及预留洞处理不当存在施工质量缺陷为顶板开裂的主要原因，楼上×室地暖改造扰动造成裂缝开展，是顶板开裂的次要原因。受损房屋顶板裂缝与楼上×室地暖改造存在一定因果关系且受损房顶存在正常使用的安全隐患。原告与被告经济技术公司签订的《定向安置买卖合同》，系双方当事人真实意思表示，且内容也未违反国家法律、行政法规的强制性规定，应属于有效合同。根据鉴定报告，×房屋存在诸多质量问题并存在安全隐患，被告经济技术公司应及时修复，被告博大经开公司作为建设单位施工不当，应该承担修复的连带责任，被告范某某未经供暖管理单位批准擅自改造暖气设备，也应承担一定责任。

被告经济技术公司认为：不同意原告吕某某的诉讼请求，南海家园三里×号楼×单元×的业主装修房屋并且改造地暖是导致南海家园三里×楼×单元×的房顶受损的直接原因，应承担全部责任；2012年12月，原告吕某某作为×的购房人在接收房屋时未发现房顶开裂或渗水现象，根本不存在任何质量问题，原告吕某某在居住使用房屋半年以后，×室的业主进行室内装修并改造地暖，直接导致原告的房顶受损。原告及×室的业主均签署《住宅使用说明书》《住宅质量保证书》《住户手册》《物业服务合同》等各类文件。范某某擅自拆改地暖的行为导致×房顶受损，违反了上述约定及相关要求，应承担全部责任。另外，原告吕某某单独起诉范某某时，经法院委托的鉴定机构出具的两份《司法鉴定意见书》及一份《价格评估报告书》，经济技术公司不予认可，也不承担任何鉴定费用或评估费用，上述案件经济技术公司既没有参加诉讼，也没有参与鉴定或评估过程，因此《司法鉴定意见书》及《价格评估报告书》对经济技术公司没有约束力，鉴定费用属于前案的诉讼费用，本应属于前案的处理范围，经济技术公司不应负担。综上所述，范某某擅自改造地暖直接导致原告房屋受损，应承担全部责任，经济技术公司不承担任何责任，也不承担鉴定费用。

被告博大经开公司认为：不同意原告吕某某的诉讼请求，首先，诉争房屋顺利通过各种质量验收，为质量合格工程，博大经开公司具备相应的施工资质；其次，南海家园三里 × 号楼 × 单元 × 的业主装修房屋并且改造地暖是导致南海家园三里 × 号楼 × 单元 × 的房屋受损的直接原因，应承担全部责任；最后，原告吕某某单独起诉范某某时，经法院委托鉴定机构出具的两份《司法鉴定意见书》及一份《价格评估报告书》，博大经开公司不予认可，也不承担任何鉴定费用或评估费用。诉争房屋为质量合格工程，范某某擅自改造地暖直接导致原告房屋受损，应承担全部责任，博大经开不承担任何责任，也不承担鉴定费用。

被告范某某认为：我没有主张鉴定，不同意承担鉴定费。可以依据鉴定结论确定的责任比例和原告的实际损失承担相应的损害赔偿责任。

大兴区法院审理查明，原告吕某某为北京经济技术开发区河西区 ×75 地块拆迁安置对象，于 2010 年 7 月 29 日与被告经济技术公司签订《定向安置房买卖合同》，购买了位于 ×75 地块 × 号楼 × 单元 ×× 层 × 的定向安置房；该房由被告博大经开公司承建，原告于 2012 年 12 月收房。现该地块已更名为南海家园三里，楼号重新核定为 × 号楼。2013 年 9 月 10 日左右，× 室装修进行地暖改造，原告吕某某发现自家客厅、卧室和卫生间顶板出现裂缝、漏水现象。原告遂将楼上 × 室房主即被告范某某诉至本院，经法院委托北京市建筑工程研究院建设工程质量司法鉴定中心对北京市某区南海家园三里 × 号楼 × 单元 × 室受损房顶是否与楼上地暖改造存在因果关系，及受损房顶是否存在正常使用的安全隐患进行因果关系鉴定，鉴定机构 2014 年 8 月 20 日出具北京建研院司鉴中心【2014】建鉴字第 74 号司法鉴定意见，鉴定意见如下：1. 客厅顶板裂缝属于外观质量严重缺陷，存在安全隐患；2. 卧室 1 顶板裂缝属于外观质量严重缺陷，存在安全隐患；3. 卧室 2 顶板裂缝属于外观质量一般缺陷；4. 卫生间顶板裂缝不影响结构安全性；5.× 室顶板裂缝与楼上 × 室地暖改造存在一定的因果关系，原告支付鉴定费 15000 元。原告遂将被告范某某、被告经济技术公司、被告博大经开公司作为共同被告诉至法院，要求三被告共同承担修复及赔偿责任，因原告和三被告未就修复及赔偿事宜达成一致意见，经原告申请，本院 2014 年 11 月 11 日和 2015 年 3 月 26 日分别委托北京市建筑工程研究院建设工程质量司法鉴定中心、北京京评价格评估有限公司对涉案房屋进行修复方案和损失赔偿鉴定，原告吕某某分别支付鉴定费 2000 元和 6000 元。北京市建筑工程研究院建设工程质量司法鉴定中心 2015 年 1 月 29 日出具北京建研院司鉴中心【2014】建鉴字第 171 号鉴定意见书。

法院认为：因侵权行为给他人造成财产损害的，应该按照过错程度承担相应的损害赔偿责任。本案中，原告房屋裂缝及漏水经鉴定机构鉴定，主要因被告经济技术公司交付房屋质量瑕疵引起，被告范某某私自改装供暖设备是房屋受损的次要原因，上述二被告应该按照各自责任比例承担相应责任，本院结合全案综合确定被告经济技术公司承担 70% 的赔偿责任，被告范某某承担 30% 的赔偿责任。被告博大经开公司作为原告吕某某购买房屋的建筑企业，与被告经济技术公司存在合同关系，其是否具有施工不当等问题，与原告吕某某不存在法律上的利害关系，故原告主张被告博大经开公司承担赔偿责任的主张，本院不予支持。关于原告要求被告经济技术公司、被告范某某分别承担修复责任和修复费用的问题，本院认为，被告经济技术公司交付房屋经鉴定不符合质量规定，应该承担修复责任，同时考虑二被告共同修复有一定难度，且被告范某某不具备修复能力，本院对原告吕某某的此项诉求不持异议。鉴于二被告承担的侵权责任不一致，被告经济技术公司承担修复责任超过了其责任比例，被告范某某本应该向原告吕某某承担的金钱赔偿责任（5426×30%=1627.8 元），可以货币补偿的方式直接折抵支付给被告经济技术公司。此外，因被告经济技术公司为原告吕某某修复房屋需要被告范某某予以配合，被告范某某应该承担相关的配合协助义务。关于鉴定费的负担，本院根据原告鉴定项目和被告承担责任方式之间有无必要及必要性的大小综合确定。原告吕某某损失的因果关系鉴定费用应该由被告经济技术公司承担 70%（15000 元 ×70%=10500 元），由被告范某某承担 30%（15000×30%=4500 元）；原告修复方案鉴定费用由被告经济技术公司承担 70%（2000 元 ×70%=1400 元），剩余 30% 由原告吕某某自行承担；原告赔偿损失鉴定费用由被告范某某承担 30%（6000×70%=4200 元），剩余 70% 由原告吕某某自行承担。

律师点评

1. 案件定性

该案是一起关于房屋建设质量问题的物权保护纠纷案件，开发商、建设承包商、业主方三方围绕着房屋建设工程的质量问题展开的争辩。

2. 房屋已经交付使用，出现质量问题，该找谁

当开发商将房屋交付给业主，业主也住进房屋后，发现房屋出现裂缝、漏水等其他质量瑕疵质量问题，此处的其他质量瑕疵问题是指除地基基础工程和主体工程以外的其他房屋所有部分，《中华人民共和国建筑法》第六十二条规定了建筑工程实行质量保修制度。建筑工程的保修范围应当包括地基基础工程、主体结构工程、屋面防水工程和其他土建工程，以及电气管线、上下水管线的安装工程，供热、供冷系统工程等项目，而房屋出现渗漏、裂缝，属于一般性的质量问题，此时，业主可以要求开发商履行维修义务，保证交付房屋的质量达到交房标准。

依据法律规定，如果由于房屋确实存在质量问题，而且该质量问题已经严重影响业主对房屋的正常使用，即使业主接收了房屋也无法进行正常的装修、入住，那么这种情况下，作为业主完全有权拒收房屋并可要求开发商承担逾期交房违约责任。根据建设部《商品房销售管理办法》第三十条之规定："房地产开发企业应当按照合同约定，将符合交付使用条件的商品房按期交付给买受人。未能按期交付的，房地产开发企业应当承担违约责任。"根据该规定，开发商向业主交付商品房的质量标准除了满足前面所讲的应当是"竣工验收合格"的房屋之外，还必须是具备使用条件的房屋，即业主在收房后就能够正常入住使用。

法律依据

《中华人民共和国侵权责任法》

第六条 行为人因过错侵害他人民事权益，应当承担侵权责任。

根据法律规定推定行为人有过错，行为人不能证明自己没有过错的，应当承担侵权责任。

第十五条 承担侵权责任的方式主要有：

（一）停止侵害；

（二）排除妨碍；

（三）消除危险；

（四）返还财产；

（五）恢复原状；

（六）赔偿损失；

（七）赔礼道歉；

（八）消除影响、恢复名誉。

以上承担侵权责任的方式，可以单独适用，也可以合并适用。

《中华人民共和国建筑法》

第六十二条 建筑工程实行质量保修制度。

建筑工程的保修范围应当包括地基基础工程、主体结构工程、屋面防水工程和其他土建工程，以及电气管线、上下水管线的安装工程，供热、供冷系统工程等项目；保修的期限应当按照保证建筑物合理寿命年限内正常使用，维护使用者合法权益的原则确定。具体的保修范围和最低保修期限由国务院规定。

《商品房销售管理办法》

第三十条 房地产开发企业应当按照合同约定，将符合交付使用条件的商品房按期交付给买受人。未能按期交付的，房地产开发企业应当承担违约责任。

因不可抗力或者当事人在合同中约定的其他原因，需延期交付的，房地产开发企业应当及时告知买受人。

《中华人民共和国民事诉讼法》

第二百五十三条 被执行人未按判决、裁定和其他法律文书指定的期间履行给付金钱义务的，应当加倍支付迟延履行期间的债务利息。被执行人未按判决、裁定和其他法律文书指定的期间履行其他义务的，应当支付迟延履行金。

三、原房主用未交付的房产证与他人办理抵押并登记，购房人怎样保障自己的权益?

典型案例

2015年4月23日，付某海、王某虎与付某健、姚某燕签订《房屋买卖协议》，二人出资116万元购买付某健、姚某燕夫妇的一套两层房屋，协议中对房屋的位置、面积及四至边界、价款及付款方式、权属确认、产权证书交付及过户等事项均做出全面的约定，并经固始县公证处公证。协议签订后，原告已按约定交清房款并入住该购买的房屋，但被告夫妇以暂时未找到房权证为由，没有交付房产证，后来原告二人因其他原因被限制人身自由5个月，此事被搁浅。2015年9月17日，被告付某健、姚某燕在原告毫不知情的情况下，利用其未交出的房权证与第三人杨某签订《借款抵押担保协议》，以上述房产抵押向第三人杨某借款80万元，并申请第三人固始县房地产管理中心为其办理抵押登记，同时申请固始县公证处作出具有强制执行效力的债权公证书（2015）固证经字第3249号。后来杨某申请执行。

原告认为：原告与被告于2015年4月23日所签订的《房屋买卖协议》是有效的，被告与第三人杨某于2015年9月17日签订的《借款抵押担保协议》是无效的，第三人固始县房地产管理中心进行抵押登记并开出证书的行为也是无效的，被告应尽快履行2015年4月23日与原告签订的《房屋买卖协议》中有关房屋所有权证交付及协助办理房权过户义务。协议签订后，我方已按约定交清房款并入住该购买的房屋，但被告夫妇以暂时未找到房权证为由，拖延交付房权证。后原告因其他原因被限制人身自由5个月，此事被搁浅。2015年9月17日，被告付某健、姚某燕在原告毫不知情的情况下，利用其未交出的房权证与第三人杨某签订《借款抵押担保协议》，以上述房产抵押向第三人杨某借款80万元，并申请第三人固始县房地产管理中心为其办理抵押登记，同时申请固始县公证处作出具有强制执行效力的债权公证书（2015）固证经字第3249号。后在第三人杨某申请执行过程中，固始县公证处发现因被告隐瞒抵押房屋在此之前已出售的重大事实，遂于2017年7月7日作出“撤销公证决定书”（2017）固证撤字第002号。

被告付某健认为：对原告起诉的事实与请求没有异议。

被告姚某燕认为：被告付某健卖房当时，我不知情，欠原告钱是事实，因还不起原告借款承诺将房屋卖给原告是事实。房屋买卖协议的签名不是本人签名。该房屋抵押给杨某也是为了借款。

第三人杨某认为：原告与被告签订的房屋买卖协议无效，驳回原告的诉讼请求。原告与被告于2015年4月23日签订的房屋买卖协议属于未生效的合同或已终止的合同或无效合同。原、被告签订房屋买卖协议不是被告的真实意思表示，其目的是偿还原告欠款。原告用于购房款属于被告刑事犯罪的集资诈骗款，被告已受到刑罚追究。原告购买被告房屋的公证文书已被依法撤销，且原告与被告多次签订房屋买卖协议，不能证明是被告的真实的意思表示。原告要求确认被告与第三人签订的抵押担保协议无效没有事实和法律依据。

固始县房地产管理中心述称，第三人为被告与第三人杨某办理抵押登记的程序合法，当时未发现被告已将该处房屋出让，造成第三人登记错误的责任在被告。

法院经审理查明，2015年4月23日，原告付某海、王某虎与被告付某健、姚某燕签订《房屋买卖协议》，由原告出资116万元购买被告夫妇位于固××县城××路与××路交叉口坐西面东两间两层房屋，原告与被告在协议中对房屋的位置、面积及四至边界、价款及付款方式、权属确认、产权证书交付及过户等事项均做出全面的约定，并经固始县公证处公证。合同签订后，原告已约定交清房款并入住该购买的房屋，但被告夫妇以暂时未找到房权证为由，拖延交付房权证。后原告因其他原因被限制人身自由5个月，未办理过户手续。2015年9月17日，被告付某健、姚某燕在原告毫不知情的情况下，利用其未交出的房权证与第三人杨某签订《借款抵押担保协议》，以上述房产抵押向第三人杨某借款80万元，并申请第三人固始县房地产管理中心为其办理抵押登记，同时申请固始县公证处作出具有强制执行效力的债权公证书。后在第三人杨某申请执行过程中，固始县公证处发现因被告隐瞒抵押房屋在此之前已出售的重大事实，遂于2017年7月7日作出"撤销公证决定书"（2017）固证撤字第002号。同时也以权利人未到场为由，将原告与被告的房屋买卖协议的公证，作出（2017）固证撤字第003号决定书，予以撤销。二被告因集资诈骗犯罪，被刑事处罚，现在监狱服刑。借第三人杨某的80万借款，属于被告犯罪事实。原告王某虎已将其购房的份额转让给原告付某海，该房为付某海个人购买。

法院认为：合同依法成立，即具有法律效力。原告与被告签订的房屋买卖协议，是当事人双方的真实意思表示，原告已交付全部房款并已实际占有使用，双方虽未办理房屋过户登记手续，但不影响合同的效力，原、被告签订的买卖房屋协议合法有效。被告姚某燕辩解被告付某健出卖房屋未得到其同意的意见，因未能提供相关证据证实，本院不予采信。二被告将已经出卖的房屋进行借款抵押担保，其行为已构成刑事犯罪，双方虽办理了抵押登记，但因登记部门未尽审查义务，该抵押登记无效，原告请求确认与被告买卖房屋协议有效，被告与第三人杨某签订的抵押担保借款协议无效及第三人固始县房地产管理中心的抵押登记无效的请求，本院予以支持。第三人杨某的请求，不符合法律规定，本院不予支持。

律师点评

1. 案件定义及责任

该案是一起虚假登记责任纠纷案件，虚假登记存在两种不同的情况：一种是因不动产登记申请人的恶意行为，给利害关系人和信赖登记公信力的第三人造成损害的，利害关系人和第三人可以依法向人民法院提起诉讼，要求不动产登记申请人承担赔偿责任。另一种是因不动产登记机关工作人员的失误，而给不动产权利人、利害关系人以及信赖登记公信力的第三人造成损害的，登记机关应当向不动产权利人、利害关系人、第三人承担赔偿责任；登记机关赔偿后，可以向造成错误登记的工作人员追偿。该案原告两人支付了购买房屋的钱款并实际住进了房屋内，购房合同合法成立并得到实际履行，之后，两被告利用房主没有过户登记，并且房产证没有交给原告的机会，与第三人签订《借款抵押担保协议》，又因房地产登记中心没有审查的原因进行了登记，就抵押的程序上是有瑕疵的。

2. 当事人如何救济

抵押登记的作用是为了交易安全。设立抵押权的本身是为了保障主债权的安全，经过登记这一法定程序，能起到对抵押物是否有瑕疵的把关作用，有利于抵押权人的保护。我国担保法规定，当事人以土地使用权、城市房地产或者乡（镇）、村企业的厂房等建筑物、林木、航空器、船舶、车辆以及企业的设备和其他动产抵押的，应当办理抵押物登记，抵押合同自登记之日起生效。该案中，原告与被告已经签署了合法有效的合同并已入住，虽然没有进行房屋过户变更程序，但并不影响这份房屋买卖合同的效力。而被告之后所做的房屋抵押登记，由于是房屋登记机关未进行合规的审查义务，所以该登记被认定无效。

法律依据

《中华人民共和国合同法》

第四十四条 依法成立的合同，自成立时生效。

法律、行政法规规定应当办理批准、登记等手续生效的，依照其规定。

第五十二条 有下列情形之一的，合同无效：

（一）一方以欺诈、胁迫的手段订立合同，损害国家利益；

（二）恶意串通，损害国家、集体或者第三人利益；

（三）以合法形式掩盖非法目的；

（四）损害社会公共利益；

（五）违反法律、行政法规的强制性规定。

《中华人民共和国物权法》

第十五条 当事人之间订立有关设立、变更、转让和消灭不动产物权的合同，除法律另有规定或者合同另有约定外，自合同成立时生效；未办理物权登记的，不影响合同效力。

第一百八十四条 下列财产不得抵押：

（一）土地所有权；

（二）耕地、宅基地、自留地、自留山等集体所有的土地使用权，但法律规定可以抵押的除外；

（三）学校、幼儿园、医院等以公益为目的的事业单位、社会团体的教育设施、医疗卫生设施和其他社会公益设施；

（四）所有权、使用权不明或者有争议的财产；

（五）依法被查封、扣押、监管的财产；

（六）法律、行政法规规定不得抵押的其他财产。

《中华人民共和国担保法》

第四十一条 当事人以本法第四十二条规定的财产抵押的，应当办理抵押物登记，抵押合同自登记之日起生效。

第四十二条 办理抵押物登记的部门如下：

（一）以无地上定着物的土地使用权抵押的，为核发土地使用权证书的土地管理部门；

（二）以城市房地产或者乡（镇）、村企业的厂房等建筑物抵押的，为县级以上地方人民政府规定的部门；

（三）以林木抵押的，为县级以上林木主管部门；

（四）以航空器、船舶、车辆抵押的，为运输工具的登记部门；

（五）以企业的设备和其他动产抵押的，为财产所在地的工商行政管理部门。

四、危改房“空挂户”情形下，当事人是否有权居住使用?

典型案例

2001年，北京市东城区东羊管胡同×号院房屋所在地区被列入北京市东城区住宅发展中心负责建设的危旧房改造范围。苏某庆与北京市东城区住宅发展中心签订《民安危改区就地安置合同》。该合同约定，被告苏某庆在北京市东城区某×号有正式住房一间，应安置人口四人，分别为刘某、霍某与苏某庆、刘某飞，刘某与霍某系母女关系。苏某庆与刘某飞系夫妻关系。刘某系苏某庆、刘某飞之女。霍某系苏某庆、刘某飞之外孙女。合同中选择就地安置方式，自愿购买甲方在民安地区建设的就地安置住房，地址为民安危改区×号楼×单元×层×号，被安置住房的用途为普通住宅；实际购房金额为158848元，安置住房的交付日期为2003年10月8日。2003年10月，安置房屋交付使用。刘某、霍某与苏某庆、刘某飞入住该房屋。2006年，苏某庆、刘某飞从该房屋搬出，在本市他处居住。2010年3月，因刘某与刘某飞发生矛盾，刘某、霍某搬出该房屋，苏某庆、刘某飞二人搬回房屋并居住至今。苏某庆已取得该房屋的所有权证书。近期，苏某庆在未征得刘某、霍某同意的情况下欲将涉诉房屋擅自处置。刘某、霍某认为，苏某庆的行为侵害了自己的合法权益，自己是安置房中的安置户，对房屋是有居住使用权利的。

原告认为：苏某庆所有的北京市东城区东羊管胡同×号院房屋所在地区于2001年被列入危旧房改造范围。同年11月22日，被告苏某庆与北京市东城区住宅发展中心签订《民安危改区就地安置合同》。该合同约定，被告在民安地区内有正式住房1间，使用面积10.075平方米，建筑面积13.4平方米；应安置人口四人，分别为：刘某、苏某（即本案原告霍某）、苏某庆、刘某飞；安置住房为民安危改区叁区×号楼×单元×层×号房屋（现地址为北京市东城区东直门内大街×号楼×单元×号）。除原有建筑面积外，按人均15平方米计算安置面积。根据上述合同约定，我二人对涉案房屋享有居住和使用的权益。近期，被告在未征得我二人同意的情况下欲将涉诉房屋擅自处置。我们认为，被告的行为侵害了我们二人的合法权益，故起诉要求法院判令我二人对北京市东城区东直门内大街×号楼×单元×号房屋有权居住使用。

被告认为：当年拆迁时，原告刘某的户籍在东城区东羊管胡同×号，但本人并不在此居住，属于空挂户的情况。两被告两人也不在此居住。两被告实际居住在原告刘某位于北京市朝阳区安贞里的住房，为其照顾孩子。2003年6月，原告刘某将安贞里的房屋出售后又在北京市朝阳区石佛营购买了一套房屋。2003年10月，涉诉房屋交付使用后，原告刘某和霍某搬至涉诉房屋内居住。两被告于2006年搬出居住。2010年3月，我们搬回涉诉房屋居住。《民安危改区就地安置合同》的安置人口中虽有二原告的名字，但其并不符合国家规定的安置情况。两被告没有将涉诉房屋对外出售，所以不存在侵犯原告权益的行为。

法院审理查明，原告刘某与霍某（曾用名苏某）系母女关系。被告苏某庆与刘某飞系夫妻关系。原告刘某系被告苏某庆、刘某飞之女。原告霍某系被告苏某庆、刘某飞之外孙女。坐落于北京市东城区东羊管胡同×号院房屋1间原系被告苏某庆所有的私产。2001 年，该房屋所在地区被列入北京市东城区住宅发展中心负责建设的危旧房改造范围。2001 年 11 月 22 日，被告苏某庆（乙方）与北京市东城区住宅发展中心（甲方）签订《民安危改区就地安置合同》。该合同约定，被告苏某庆在北京市东城区东羊管胡同 × 号有正式住房一间，使用面积 10.075 平方米，建筑面积 13.4 平方米，应安置人口四人，分别为原告刘某、霍某与被告苏某庆、刘某飞；乙方选择就地安置方式，自愿购买甲方在民安地区建设的就地安置住房，地址为民安危改区三区 × 号楼 × 单元 × 层 × 号，建筑面积 75.43 平方米，被安置住房的用途为普通住宅；实际购房金额为 158848 元，安置住房的交付日期为 2003 年 10 月 8 日。

2003 年 10 月 9 日，被告苏某庆（乙方）与北京市东城区住宅发展中心（甲方）签订《补充协议书》。双方约定，就 2001 年 11 月 22 日双方签订的《民安危改区就地安置合同》中未尽事宜达成协议如下：乙方购买的就地安置住房为施工楼号民安小区三区 × 号楼 × 单元 × 号，现根据主管部门确定的地名楼号为东直门内大街 × 号楼 × 单元 × 号，合同标的物的实际位置未做变更；经测绘，乙方回购的就地安置住房的产权登记面积为 74.68 平方米；甲方应返还乙方购房款 3750 元，另乙方还应缴纳 2218 元公共维修基金。2003 年 10 月，涉诉房屋交付使用。原告刘某、霍某与被告苏某庆、刘某飞入住该房屋。2006 年，被告苏某庆、刘某飞从该房屋搬出，在本市他处居住。2010 年 3 月，因原告刘某与被告刘某飞发生矛盾，原告刘某、霍某搬出该房屋，二被告搬回涉诉房屋并居住至今。被告苏某庆已取得该房屋的所有权证书。

庭审中，原、被告确认，在当年房屋拆迁时，双方均未在北京市东城区东羊管胡同 × 号院居住，其实际居住在原告刘某位于本市他处的正式住房。二被告称，二原告属于空挂户情况，其户籍虽在被拆迁房屋内，但拆迁时在本市他处另有住房，因此其不属于应安置人。二原告则称，根据《民安危改区就地安置合同》载明的内容，二原告是此次拆迁的被安置人口，属于合法的安置对象，故应对涉诉房屋享有居住、使用权。法院认为：因物权的归属、内容发生争议的，利害关系人可以请求确认权利。在被告苏某庆所有的北京市东城区东羊管胡同 × 号院房屋被拆迁时，原告刘某在本市他处有正式住房，因此其不符合购买涉诉房屋的条件。但根据被告苏某庆与北京市东城区住宅发展中心签订的《民安危改区就地安置合同》，原告刘某、霍某在拆迁时被列为应安置人口，此处拆迁安置原则为按照原住房建筑面积予以安置，其享有涉诉房屋的安置权益，故原告刘某、霍某以其作为应安置人为由要求确认对涉诉房屋有权居住使用的诉讼请求于法有据，本院予以支持。

律师点评

1. 案件定性

本案是由房产物权上产生用益物权确认纠纷。用益物权，是物权的一种，是指非所有人对他人之物所享有的占有、使用、收益的排他性的权利。比如土地承包经营权、建设用地使用权、宅基地使用权、地役权、自然资源使用权（海域使用权、探矿权、采矿权、取水权和使用水域、滩涂从事养殖、捕捞的权利）。《安置合同》中将刘某、霍某在拆迁时被列为应安置人口，安置房建成后，所有的安置人口均有对该房产的占有使用权利。

2. 用益物权的权利确认

用益物权为独立物权，是对所有权的限制。用益物权是非所有人对所有人的物在法律规定的限度内独立支配的排他性权利，是一种独立的权利。用益物权人在法律规定或合同约定的某种权利的具体支配范围内，可以对抗一切人，包括所有权人，从而形成对所有权的限制。物具有价值和使用价值的双重属性。用益物权和担保物权是就这两种不同的价值而设立的权利：用益物权侧重于物的使用价值，担保物权侧重于物的价值或交换价值。正因为如此，用益物权又称为使用价值权，该案中，两原告要求确认的争诉安置房的居住使用权，就属于地上权的权能扩大范围，《安置合同中》也明确了原告二人的被安置的份额权属，当二人的合法权益被侵犯，自然可以请求司法机关确认自己的用益物权受保护。

法律依据

《中华人民共和国物权法》

第三十二条 物权受到侵害的，权利人可以通过和解、调解、仲裁、诉讼等途径解决。

第三十三条 因物权的归属、内容发生争议的，利害关系人可以请求确认权利。

第三十四条 无权占有不动产或者动产的，权利人可以请求返还原物。

第三十五条 妨害物权或者可能妨害物权的，权利人可以请求排除妨害或者消除危险。

第三十六条 造成不动产或者动产毁损的，权利人可以请求修理、重作、更换或者恢复原状。

第三十七条 侵害物权，造成权利人损害的，权利人可以请求损害赔偿，也可以请求承担其他民事责任。

第三十八条 本章规定的物权保护方式，可以单独适用，也可以根据权利被侵害的情形合并适用。

侵害物权，除承担民事责任外，违反行政管理规定的，依法承担行政责任；构成犯罪的，依法追究刑事责任。

第一百一十七条 用益物权人对他人所有的不动产或者动产，依法享有占有、使用和收益的权利。

第一百二十条 用益物权人行使权利，应当遵守法律有关保护和合理开发利用资源的规定。所有权人不得干涉用益物权人行使权利。

第一百二十一条 因不动产或者动产被征收、征用致使用益物权消灭或者影响用益物权行使的，用益物权人有权依照本法第四十二条、第四十四条的规定获得相应补偿。

二手房篇

第六章　中介公司

一、中介公司虚假广告，是否构成欺诈？

典型案例

王某某经 ×× 公司中介购买一套商品房，而后发现该房屋无法办理房产证，遂以 ×× 公司隐瞒事实、宣传“百分之百真房源”“假一赔百”构成欺诈为由诉至法院，要求退还中介费并给付三倍赔偿。

原告认为：2013 年 12 月，原告和 ×× 公司签订居间服务合同和买卖定金协议书，约定由 ×× 公司为原告提供居间服务，帮助购买商品房一套。之后发现该房屋无法办理房屋产权证书，×× 公司提供居间服务，应保证其提供房源的合法性、真实性，但其故意隐瞒该房屋与建委登记信息不一致的事实和无法办理产权证书的事实，且在其官方网站和各门店宣传“百分之百真房源”“假一赔百”等承诺，诱使王某某签订上述合同，构成欺诈。现诉至法院，请求判决退还原告支付的居间代理费三万余元并按照欺诈给付三倍赔偿。

被告认为：被告公司同意退还居间费用，被告公司与其签订协议时，原告是知晓房屋的房产证并未取得的，被告公司并未欺骗原告。

法院审理认为：王某某认可其在购买该房产时明确知晓该房产并未取得房屋所有权证书，×× 公司亦未承诺王某某该房产最终可以办理不动产过户手续。另外根据涉该房产的另一案件判决中，法院审理查明的内容，该诉争房屋不能单独办理房屋产权证书，需要与同层其他房屋一同办理。

法院认为：关于王某某要求 ×× 公司退还居间费一节，现 ×× 公司同意退还上述款项，法院对此不持异议。关于王某某主张 ×× 公司存在欺诈的情节，本案中，王某某在签订购房合同时了解房屋产权存在的瑕疵，王某某并未提供充分证据证明 ×× 公司对房屋产权存在欺骗或故意隐瞒的情形，故对于王某某的该项诉讼请求，法院不予支持。判决 ×× 公司退回中介费 32130 元。

律师点评

房产中介是否构成欺诈

本案争议焦点在于 ×× 公司在履行居间合同过程中是否存在欺诈行为。所谓欺诈是指以使他人陷于错误而为意思表示为目的，故意陈述虚伪事实或者隐瞒真实情况的行为。王某某以 ×× 公司在其网站上刊登了涉诉房屋的出卖信息及图片，并在网页相应位置承诺“百分之百真房源”，但该房屋无法单独办理产权证为由，主张 ×× 公司构成欺诈。经法院询问，×× 公司认为“真实房源”系相对于以前房屋中介服务过程中存在的“房屋不存在、悬挂低价吸引顾客”等情况而言。故对于“百分之百真房源”的理解双方存在争议。对此，法院认为，结合 ×× 公司网站上注明的“真实存在、真实在售、真实价格、真实图片”字样，符合 ×× 公司对于“真实房源”的解释。而且，王某某在签订买卖合同时明知该房屋没有产权证，即应当注意到合同履行可能存在的风险。王某某以 ×× 公司对于“真实房源”的承诺作为房屋权利无瑕疵的保证进而主张 ×× 公司构成欺诈依据不足，故对其的诉讼请求法院不予支持。

法律依据

《中华人民共和国民法总则》

第一百四十六条　行为人与相对人以虚假的意思表示实施的民事法律行为无效。

以虚假的意思表示隐藏的民事法律行为的效力，依照有关法律规定处理。

第一百四十七条　基于重大误解实施的民事法律行为，行为人有权请求人民法院或者仲裁机构予以撤销。

第一百四十八条　一方以欺诈手段，使对方在违背真实意思的情况下实施的民事法律行为，受欺诈方有权请求人民法院或者仲裁机构予以撤销。

《中华人民共和国合同法》

第五十二条 有下列情形之一的，合同无效：

（一）一方以欺诈、胁迫的手段订立合同，损害国家利益；

（二）恶意串通，损害国家、集体或者第三人利益；

（三）以合法形式掩盖非法目的；

（四）损害社会公共利益；

（五）违反法律、行政法规的强制性规定。

《中华人民共和国消费者权益保护法》

第五十五条 经营者提供商品或者服务有欺诈行为的，应当按照消费者的要求增加赔偿其受到的损失，增加赔偿的金额为消费者购买商品的价款或者接受服务的费用的三倍；增加赔偿的金额不足五百元的，为五百元。法律另有规定的，依照其规定。

经营者明知商品或者服务存在缺陷，仍然向消费者提供，造成消费者或者其他受害人死亡或者健康严重损害的，受害人有权要求经营者依照本法第四十九条、第五十一条等法律规定赔偿损失，并有权要求所受损失二倍以下的惩罚性赔偿。

二、开发商违约，中介是否要承担共同返还的责任？

典型案例

××××××项目由北京××××房地产开发有限公司（以下简称房产开发公司）开发建设。北京××××房地产顾问有限公司（以下简称顾问公司）系被告关于上述房地产项目的销售代理。房产开发公司（甲方）与北京××房地产经纪有限公司（以下简称××公司）（乙方）及顾问公司（丙方）曾签订一份《×××销售渠道服务合同》，约定甲方委托乙方为××××××项目提供“渠道合作服务”事宜。2014年5月31日艾某于开盘日当天上午与房产开发公司的销售代理××公司签署编号为×××的《×××商业购房意向书》（以下简称意向书）。根据意向书、售楼图和价格表，艾某于开盘日成功选定位于×××号房屋，该房屋面积约为325.3平方米，每平方米单价37500元，总价为12198750元。意向书签订后，艾某履行了交纳认购定金十五万元的义务，并为履行意向书筹措资金。其后，艾某多次要求房产开发公司履行意向书的约定未果。2016 年 5 月 5 日，艾某致函被告，督促其实际履行意向书。艾某 2016 年 9 月 2 日提起本案诉讼后，于 9 月 7 日向房产开发公司发出书面告知函，并电话通知房产开发公司已经起诉的事实，要求房产开发公司依约履行协议，在争议解决前不要销售标的房屋。但经与房产开发公司的销售经理确认，标的房屋已经被销售。

原告认为：2014 年 5 月，×× 公司通知本函签署人 ×××××× 项目将于 2014 年 5 月 31 日在 ××× 隆重开盘。据此，原告于开盘日当天上午与房产开发公司的销售代理 ×× 公司签署编号为 ××× 的《××× 商业购房意向书》（以下简称意向书）。根据意向书、售楼图和价格表，原告于开盘日成功选定位于 ××× 号房屋，该房屋面积约为 325.3 平方米，每平方米单价 37500 元，总价为 12198750 元。意向书签订后，原告履行了交纳认购定金十五万元的义务，并为履行意向书筹措资金。其后，原告多次要求房产开发公司履行意向书的约定未果。

2016年5月5日，原告致函被告，督促其实际履行意向书。2016年8月10日，被告的销售经理根据意向书致电原告，要求原告履行认购手续，但对合同标的房屋每平方米单价涨了 32169 元，总价增加 9364740 元，即要求在高于涉案合同近 90% 的价格的条件下履行涉案合同。原告当即表示擅自变更协议条件构成违约，并拒绝原告加价条件，要求实际履行涉案合同。签订意向书前，被告已办理了有关项目的立项、规划等手续，且原告在 2016 年 5 月即函告被告要求实际履行涉案合同。2015 年 8 月，原告与被告销售经理会晤，重申被告应当遵守约定实际履行合同的立场。双方在意向书中指向的标的存在现实的履行基础，且意向书明确了当事人的基本情况、拟购商铺的面积、价款计算、认购时间等，表明双方经谈判就条件成熟时将进行商铺买卖的主要内容达成合意，系具有法律约束力的合同。

原告于 2016 年 9 月 2 日提起诉讼后，于 9 月 7 日向被告发出书面告知函，并电话通知被告已经起诉的事实，要求被告依约履行协议，在争议解决前不要销售标的房屋。但经与被告的销售经理确认，标的房屋已经被销售。鉴于争议合同已无法履行，并且被告存在违约的主观故意，原告申请变更诉讼请求为：

1. 判令被告双倍返还原告根据《××× 商业购房意向书》已经为 ××× 房屋支付的认购定金，返还金额计 30 万元；2. 被告赔偿原告因被告违约遭受的预期利益损失 9364740 元。

被告认为：×× 公司不是被告的销售代理人，只是为被告介绍有购房意向的买受人，具有居间的性质，×× 公司也不具备确定房屋面积、价格的权利，只是介绍客户的介绍人。原告是与 ×× 公司签订的意向书，按照意向书的约定原告需要接到被告的通知后再签订原、被告双方之间的认购书，也就是说原、被告双方之间签订确认书后才存在合同上的关系，而且确认书签订后也要在指定的期限内签订买卖合同，才能够确定双方的具体权利义务。根据合同相对性原则，原告提起诉讼请求的依据是意向书，原告应当向 ×× 公司主张权利，而非向被告主张权利。原告变更后的诉讼请求要求双倍返还定金也应当由收取定金的一方也就是意向书合同的相对方 ×× 公司来退还，更谈不上有任何的预期损失。收据上写的团购推荐费，这笔费用是 ×× 公司收的，没有给被告。在原告和 ×× 公司签订的购房意向书的第 2.4 条有明确的约定，客户在签订认购书的同时再交纳 15 万元的定金，这 15 万元可以抵扣 40 万元房款，这是给 ×× 公司推荐客户的优惠。意向书第 2.5 条约定，购房意向书于认购书及确认书签订后自行失效，由 ×× 公司收回，这就表示意向书的合同双方是原告和 ×× 公司，团购推荐费的收取人是 ×× 公司，最终的受益人也是 ×× 公司，因此，原、被告尚未签订认购书，原告也未交纳意向书中所列明的在签订确认书的同时交纳的 15 万元认购定金。故原告要求被告双倍返还定金并赔偿预期利益损失无事实和法律依据。

第三人 ×× 公司认为：购房意向书是被告向 ×× 公司提供的，×× 公司再将意向书出示给有购房意向的客户，但 ×× 公司提供的购房意向书没有附件。15 万元会员服务费是被告定的，若原告交纳了会员服务费，可以依照意向书第 4 条享有优惠购房资格，在签订商品房认购书的前提下，交纳认购定金后可以抵扣总房款 40 万。原告来现场时，是顾问公司的工作人员做销售代理，因为还没有开盘，他们只负责介绍项目情况。×× 公司在现场不参与介绍项目，只负责收费，介绍项目由顾问公司介绍。

×× 公司为被告的项目扩展销售渠道，向被告推荐渠道客户。对于 ×× 公司推荐的客户，如果最终能够购买被告的房屋，被告会给予优惠。会员服务费就是团购推荐费。如果客户确认购房的话，会员服务费由 ×× 公司交付顾问公司，该案因为客户没有选购成功，是要退还的，就没有给顾问公司，现 15 万元还在 ×× 公司。

会员服务费和认购定金不是一回事，认购定金是直接交给被告或者顾问公司的，×× 公司不是被告的销售代理，×× 公司没有任何权利代收定金或者房款。

法院审理查明：被告房产开发公司（甲方）与第三人 ×× 公司（乙方）及顾问公司（丙方）曾签订一份《××× 销售渠道服务合同》，约定甲方委托乙方为 ×××××× 项目提供“渠道合作服务”事宜。合同第 1 条项目概况中约定营销代理服务范围为 9、10# 住宅楼及商业，11、12# 商业楼。第 2 条约定渠道合作服务期限自 2014 年 5 月 31 日至 2014 年 7 月 31 日。在第 3 条各方权责中第 3.1.3 条约定：合同签订后，甲方应向乙方提供项目营销策划和销售代理所需要的有关规划设计的图纸、资料等，以及项目运作的整体计划、方案及甲方要求等。第 3.1.4 条约定：甲方指定专门人员参与乙方策划专案小组，配合乙方工作，对乙方派出的项目小组提出项目相关工作要求，并对乙方工作表现提出意见。甲方有权随时向乙方工作人员了解项目进展情况，如遇突发事件，乙方应在第一时间电话并邮件告知甲方。第 3.1.6 条约定：关于住宅部分，乙方客户源中经过甲乙双方确认的客户成交时，完成签约并首付到后，按照该房源总房款 ×2.2% 的服务费率支付乙方，如为乙方渠道客户可享受总房款优惠 2 万元。第 3.1.7 条约定：甲方需辅助乙方对客户进行确认，并承担经纪人推荐客户的接待及客户成交后期服务工作。第 3.2 条乙、丙方权责中，第 3.2.2 约定：乙、丙方须根据甲方提供的文件进行如实的宣传和销售，售楼过程中如有因对客户误导、欺骗等行为引起的法律诉讼或索赔，由乙、丙方自行承担赔偿责任。第 3.2.3 条约定：乙、丙方推荐具有购房意向客户给甲方，须签订甲方提供的《客户确认单》。第 4.4.1 条约定：甲乙双方均需设置专门对接人，负责合作期间各项工作对接和确认。合同第 5 条有关服务报酬第 5.1 条约定：住宅部分，乙方客户源中经过甲乙双方确认的客户成交时，甲方以代理费的方式，在乙方客户完成签约并首付到后，按照该房源总房款 ×2.2% 的服务费率作为服务报酬支付给乙方。第 5.2 条约定：合作期间，乙方负责本项目会员服务费的收取，乙方同意代收丙方客户会员服务费，收取客户会员服务费后，乙方须应客户要求给客户开具服务费或其他相关内容的合法发票。乙方将商业收取的丙方客户会员服务费用于支付丙方代理费。第5.3条约定：经甲方签署确认单后，丙方向乙方提供发票之日起30个工作日之内乙方向丙方付款。第5.6条约定：乙、丙方确认收入后，若经甲方确认的签约客户因退房而需退还会员服务费时，乙、丙方需无条件配合，乙方应在收到通知后20日内将相应款项退还客户。第5.10.1条约定：甲方于客户签署购房协议且首付到账之日起三个月内向乙方支付服务报酬，丙方服务报酬由乙方结算。第5.10.2条约定：乙方于客户签署购房协议且首付到账之日起一个月内向丙方支付相关费用。

2014年5月31日，原告来到×××售楼处，路某作为置业顾问向原告进行介绍。后与原告签订《×××商业购房意向书》(以下简称购房意向书)，第一条内容为：购房意向书为申请人办理购买×××商业购房意向书(地名核准名称为：×××，以下简称本项目)的购房意向确认书，购房意向书申请人须持本人身份证及相关资料到×××详细阅读并填写购房意向书。第二条内容为：购房意向书申请人须知：1.购房意向书申请人意向选择×××号房屋(以下简称该房屋)(该房屋建筑面积及套内建筑面积为空，未填写)。2.购房意向书申请人应为《北京市商品房认购书》和《北京市商品房预售合同》中的买受人，购房意向书采用实名制。3.购房意向书申请人在本项目开盘当日未能成功选定房源，或未能签订《北京市商品房认购书》及补充协议，视作购房意向书申请人主动放弃购房意向书中约定的权益。4.购房意向书申请人在接到本项目销售人员关于办理认购手续书面通知的3日内，须与本项目签署《北京市商品房认购书》及补充协议，同时缴纳认购定金壹拾伍万元，享受总房款抵扣肆拾万元优惠；如申请人未按约定的签约时间签署《北京市商品房认购书》，本购房意向书终止，本项目有权将该房屋另行出售，或以任何其他方式处置。5.购房意向书申请人在签订《北京市商品房认购书》及相关补充协议前须出示购房意向书，购房意向书于《北京市商品房认购书》及相关补充协议签订完毕后将自动失效并由我司收回。6.购房意向书加盖北京××房地产经纪有限公司章方为生效，一式三份，购房意向书申请人与北京××房地产经纪有限公司各执一份。原告本人在该份购房意向书的申请人处签名。路某在置业顾问处签名。该购房意向书加盖“北

京 ×× 房地产经纪有限公司合同专用章”。经法院向路某核实，其为顾问公司的工作人员。

当日，张某通过刷卡方式一次性支付 75 万元，共选定了 5 套房源。其中，张某选了 9–108、12–106、12–105 号三套房屋，原告选了 12–107 和 12–108 两套房屋。×× 公司一共向张某出具了 5 张团购推荐费的收据，每张为 15 万元。××× 销售宣传手册上注明 12–108 的面积为 325.3 平方米。

2016 年 8 月 10 日，××× 的销售经理万某墨向原告发来短信，告知：××× 预计在 2016 年 9 月初开盘，由于原告是前期签署过《商业房源意向协议书》的客户，为此邀请原告优先来售楼处进行前期意向房源的认购，具体认购时间为 2016 年 8 月 13 日至 2016 年 8 月 14 日。在万某墨与原告沟通的过程中，万某墨提出 12–108 号房屋的开盘价格单价远高于 37500 元。原告提出其选定意向房源之时，路某告知其 12–108 的单价为 37500 元。万某墨曾在短信中回复张某称，签署购房意向书时给的是预估的价格，非最终的开盘价格。

双方因对房屋价格无法达成一致意见，原告未在规定时间内就意向房源与被告签订购房认购书，并于 2016 年 9 月 2 日将被告诉至法院。

庭审中，原告主张依据购房意向书的内容，原告与被告形成预约合同关系，原告也已向被告支付 15 万元认购定金，现被告拒绝按照预约合同约定的价格出售涉诉房屋给原告构成违约，要求被告双倍返还定金并赔偿预期利益损失。被告则否认双方形成预约合同关系，亦否认原告向 ×× 公司交纳的 15 万元为认购定金。

法院认为：根据原、被告双方的庭审意见，法院经审理认为，×× 公司是代表被告与原告签署的购房意向书，无论被告和 ×× 公司内部之间如何约定权利义务，对外而言，原告有理由相信 ×× 公司系代表被告收费。购房意向书中就特定房屋约定的条款以及将来签订认购书或商品房买卖合同的条款，均约束被告而非 ×× 公司。综上，法院认为 ×× 公司系作为被告的代理人与原告签署购房意向书，原、被告之间形成预约合同关系。现 15 万元仍在 ×× 公司处，×× 公司要求本院就 15 万元返还的问题一并处理，故法院判令 ×× 公司与被告共同返还原告 15 万元并按照中国人民银行同期贷款利率标准支付占用资金期间的利息损失。

律师点评

双方的争议焦点有四：一是购房意向书是否具有预约合同的性质；二是原、被告之间是否形成预约合同关系；三是原告向 ×× 公司交纳的 15 万元是否是认购定金；四是原告损失的确认。

关于争议焦点一。预约合同是相对于本约合同而言。通常情况下，预约乃约定将来成立一定契约之契约，预约签订后当事人负有在一定期限内缔结本约之义务。预约合同的目的在于订立本约合同，为将来签订本约合同达成初步的意向。为避免合同当事人陷入本约谈判的僵局，发挥预约的必要性，预约合同的内容应具有一定的确定性。就商品房买卖预约合同而言，因预约阶段存在“事实和法律障碍”而不可能做出十分具体详尽的约定，但却应具备基本的确定条款。通常来说，商品房买卖预约合同应至少具备两项明确的内容，即标的物房屋的基本情况及将来依预约签订本约的意思表示。就本案中的购房意向书而言，首先，标的房屋已确定即 12-108 号房；其次，第二条第 4 款也明确写明了购房意向书的申请人与项目建设方在一定期间内订约的意思表示；最后，有一个预估的价款作为买卖双方是否同意订约的条件。综上，本案购房意向书已具备预约合同的构成要件，具有预约合同的性质。

关于争议焦点二。购房意向书由原告签名，并加盖 ×× 公司公章。根据《××× 销售渠道服务合同》的约定，×× 公司为被告推荐意向客户，×× 公司根据客户最终是否成功购买意向房源向被告收取一定的费用。顾问公司系被告的销售代理，×× 公司代顾问公司收取团购推荐费或会员服务费，而团购推荐费或会员服务费是否交纳影响客户将来是否享有购房优惠及支付购房款的数额。购房意向书的文本系由被告向 ×× 公司提供，×× 公司无对内容进行修改的权利。结合上述事实，足以认定，×× 公司是代表被告与原告签署的购房意向书，无论被告和 ×× 公司内部之间如何约定权利义务，对外而言，原告有理由相信 ×× 公司系代表被告收费。购房意向书中就特定房屋约定的条款以及将来签订认购书或商品房买卖合同的条款，均约束被告而非 ×× 公司。

关于争议焦点三。原告交纳的 15 万元是在签署购房意向书时向 ×× 公司交纳，×× 公司向原告出具的收据明确载明是团购推荐费，与认购定金的名称有明显不同。通过购房意向书可以看出，在项目销售人员通知办理认购手续书面通知后，签署认购书及补充协议的同时须交纳15万元的认购定金，这个时间也与原告交纳15万元的时间明显不同。但原告并无证据证明就上述存疑之处向××公司或被告提出过异议。另外，根据《×××销售渠道服务合同》第5.6条约定，客户在要求退房时，××公司都应无条件退还15万元，而不区分客户要求退房是何方原因或客户该退房行为是否构成违约，这15万元不是作为订立商品房买卖合同的担保，这与《最高人民法院关于审理商品房买卖合同纠纷案件适用法律若干问题的解释》第四条中关于认购定金的处理原则明显不同。综上，难以认定原告向××公司交纳的15万元为购房意向书中约定的认购定金。

关于争议焦点四。根据万某墨向原告发送短信的内容及法院向路某了解的情况，路某在向原告介绍项目时，确实向原告提出了一个价格，但这个价格只是预估价格。所谓“预估”，即是预先估计的，因当时尚未开盘，价格不能确定，最终售价应以开盘价为准，并在双方的商品房买卖合同中明确约定。预估价对原、被告双方不具有约束力。双方在签订认购书或商品房买卖合同时，应重新就房屋价格达成合意。而在此过程中，原、被告双方发生争议，进而未签订认购书及买卖合同，属于不可归责于双方的事由导致商品房买卖合同不能成立。被告在此过程中不构成对预约合同的违约，故原告要求被告承担缔约过失责任赔偿其可得利益损失，无事实和法律依据，法院不予支持。但被告早在涉诉房屋取得房屋产权证书之前两年即开展销售宣传活动并签订预约合同，项目的开盘时间完全由被告控制和掌握，在长达两年多的时间里，原告的资金被长期占用，现其无法购房，15万元应予返还，资金被占用的利息损失被告应予赔偿。原告主张的其他损失无事实和法律依据，法院自然不予支持。

法律依据

《中华人民共和国合同法》

第四百零二条 受托人以自己的名义，在委托人的授权范围内与第三人订立的合同，第三人在订立合同时知道受托人与委托人之间的代理关系的，该合同直接约束委托人和第三人，但有确切证据证明该合同只约束受托人和第三人的除外。

第四百零三条 受托人以自己的名义与第三人订立合同时，第三人不知道受托人与委托人之间的代理关系的，受托人因第三人的原因对委托人不履行义务，受托人应当向委托人披露第三人，委托人因此可以行使受托人对第三人的权利，但第三人与受托人订立合同时如果知道该委托人就不会订立合同的除外。

受托人因委托人的原因对第三人不履行义务，受托人应当向第三人披露委托人，第三人因此可以选择受托人或者委托人作为相对人主张其权利，但第三人不得变更选定的相对人。

委托人行使受托人对第三人的权利的，第三人可以向委托人主张其对受托人的抗辩。第三人选定委托人作为其相对人的，委托人可以向第三人主张其对受托人的抗辩以及受托人对第三人的抗辩。

《最高人民法院关于审理商品房买卖合同纠纷案件适用法律若干问题的解释》

第四条 出卖人通过认购、订购、预订等方式向买受人收受定金作为订立商品房买卖合同担保的，如果因当事人一方原因未能订立商品房买卖合同，应当按照法律关于定金的规定处理；因不可归责于当事人双方的事由，导致商品房买卖合同未能订立的，出卖人应当将定金返还买受人。

《中华人民共和国民事诉讼法》

第二百五十三条 被执行人未按判决、裁定和其他法律文书指定的期间履行给付金钱义务的，应当加倍支付迟延履行期间的债务利息。被执行人未按判决、裁定和其他法律文书指定的期间履行其他义务的，应当支付迟延履行金。

第七章　房产税问题

为逃税的阴阳合同，是否完全无效?

典型案例

2015年12月，曾某通过北京某房产经纪有限公司签署《北京市存量房屋买卖合同》，购买王某、蔡某位于北京市朝阳区霞光里×号院×号楼×层×室房屋一套，房屋总价3880000元（叁佰捌拾捌万元整）。原告已依约支付给被告定金、房款共计人民币1700000元（壹佰柒拾万元整），其余房款980000元（玖拾捌万元整）及1200000元（壹佰贰拾万元整）公积金贷款合同约定于房屋过户当天支付，现公积金贷款申请已审核通过。2016年1月21日，曾某与王某存量房网上签约，×号房屋的成交价格在网上显示为225.4万元。在合同履行过程中王某单方面提出终止合同，经协商多次无果，故曾某诉至人民法院。

原告认为：原告与被告王某是在双方协商一致的情况下，签订的《北京市存量房屋买卖合同》，是双方的真实意思表示，双方应当继续履行此合同。1. 请求法院判决被告继续履行原告于2015年12月23日签订的《北京市存量房屋买卖合同》；2. 请求法院判令被告立即协助原告办理房屋税费缴纳及房屋过户手续；3. 请求法院判令被告自2016年3月4日起每日按1940元（3880000元×0.05%=1940元）标准承担违约金直至判决之日止；4. 本案诉讼费由被告承担。

被告认为：开庭之前，被告一直与原告联系，希望在双方达成一致的条件下解除合同，合同存在阴阳合同，签订的合同与我们双方约定的合同价款不一致，根据合同第九条关于税费的相关规定，被告认为是无效的，所以我希望解除合同。

朝阳区法院审理查明：北京市朝阳区霞光里×号院×号楼×层×号（以下简称×号）房屋登记的所有权人为王某。

2015年12月23日，原告（作为买受人）与王某（作为出卖人）签订《北京市存量房屋买卖合同》，双方约定，出卖人所售房屋为×号房屋，该房屋性质为商品房，房屋建筑面积为90.57平方米，该房屋未设定抵押；该房屋所有权证证号为×京房权证朝字第××××号，该房屋未设定抵押，价格388万元（叁佰捌拾捌万元）。在《北京市存量房屋买卖合同》中附件二约定买受人以自行交接方式支付定金10万元，买卖双方应于2016年1月26日前与担保公司签署申请公积金贷款的相关文件，买受人拟贷款数额为120万元，若买受人贷款申请未获批准或批准的贷款数额不足拟贷款数额的，买受人应于办理权属转移登记手续前以现金形式补齐公积金贷款部分购房款，买受人于2016年1月28日支付出卖人购房款160万元，买受人于办理过户手续前2个工作日支付出卖人购房款98万元。

2016年1月18日，二被告（作为出卖人）与曾某（作为买受人）签订《房屋交易资金监管协议》，约定买卖双方委托监管方监管交易资金，监管方按本协议约定的条件对交易资金进行划付，买受人应于2016年1月28日将160万元支付至监管账户。交易资金的监管账户为福建金诚丰担保有限公司北京分公司（以下简称担保公司）。同日，二被告作为借款人（在合同中为乙方）又与出借人林某政（在合同中为甲方）及担保公司（在合同中为丙方）签订《借款合同》和《担保合同》，约定：乙方向甲方借款人民币160万元，借款人将×号房屋出售给原告，双方共同委托丙方办理房屋交易资金监管事项签订了《房屋交易资金监管协议》。买受人将监管的交易资金支付至丙方指定账户是甲方发放借款的条件之一。交易资金监管期间，借款利率为零，丙方同意为本次借款提供连带责任保证，保证范围包括本合同所列的借款本金、利息、违约金、赔偿金及乙方应向甲方支付的其他款项。

2015年12月24日，原告向被告支付定金10万元。2016年1月18日，原告向担保公司转账160万元。嗣后，二被告在一份收款收据上签字确认，该收据显示二被告收到出借人林某政借款160万元。2016年1月21日，原告与王某存量房网上签约，×号房屋的成交价格在网上显示为225.4万元。在合同履行过程中，二被告认为×号房屋系夫妻共同财产，现蔡某以自己自始至终不知王某卖房，现也不同意卖房为由，而拒绝继续履行合同。针对上述《房屋交易资金监管协议》《借款合同》和《担保合同》中均有蔡某签字之情形，蔡某当庭解释为自己是外科医生经常做手术，工作非常繁忙，以为签字是为了办理抵押贷款才在上述合同上签字。在本案审理过程中，原告为了表示其有能力支付全部剩余房款，已将218万元交付本院案款账户。

法院认为：原、被告所签订的《北京市存量房屋买卖合同》不违反法律、行政法规的强制性规定，合法、有效，双方均应按照合同约定履行自己的义务。现原告有权要求被告继续履行《北京市存量房屋买卖合同》，将×号房屋过户给原告。

二被告认为网签价格低于双方所签《北京市存量房屋买卖合同》中的价格，应认定合同无效，本院认为，网签中的价格虽低于双方实际约定的价格，但双方实际系按照《北京市存量房屋买卖合同》中的相关条款履行，网签价格并不影响《北京市存量房屋买卖合同》的效力。如网签价格影响双方的实际纳税额，造成税款流失，当事人可向税务部门举报，由税收征管部门依法处理。

蔡某以自己自始至终不知王某卖房，也不同意卖房为由，拒绝继续履行合同的意见，蔡某所签订的《借款合同》和《担保合同》中有“二被告将×号房出售给原告，双方共同委托办理房屋交易资金监管事项签订了《房屋交易资金监管协议》，原告将监管的交易资金支付至指定账户是发放借款的条件之一等”等内容，蔡某作为具有完全民事行为能力的成年人，理应理解上述合同内容的法律意义，根据本案现有证据，可以认定蔡某知悉并认可王某将房屋出售。原告要求二被告支付违约金，二被告虽有违约行为，考虑到本案实际情况，本院对原告的此项诉讼请求不宜支持。原告同意将剩余购房款218万元支付给被告，出于自愿，本院对此不持异议。

法院判决：被告王某、蔡某于本判决生效后十日内协助原告曾某到房屋管理部门办理北京市朝阳区霞光里×号院×号楼×层×号房屋的过户手续，将北京市朝阳区霞光里×号院×号楼×层×号房屋从被告王某名下转移登记至原告曾某名下；北京市朝阳区霞光里×号院×号楼×层×号房屋转移登记至原告曾某名下后十日内，原告曾某立即支付被告王某、蔡某剩余购房款二百一十八万元。

律师点评

1.“阴阳合同”产生的原因

2005年5月27日，国家税务总局、财政局、原建设部颁布的《关于加强房地产税收管理的通知》，规定个人将购买不足两年的住房对外销售的，应全额征收营业税；次年6月5日，国务院办公厅又转发了原建设部等九部门《关于调整住房供应结构稳定住房价格的意见》，将上述年限调整为5年。新税收政策的出台，会导致一些房屋交易的营业税增加，交易双方对税负分担不能达成一致，进而引发纠纷；或是因未能按约定办好大产证致使购房者逾期办理过户手续、多支付一倍办证契税而引发的税费负担纠纷；还有就是为了避税而产生的“阴阳合同”案件。

实践中，所谓的“阴阳合同”“阴阳条款”非常容易引发争议。可能出现卖房人以虚假价格条款约定违法拒绝履行合同并要求解除合同的情况；有的卖房人还直接主张合同无效；也有的买房人会要求以办理税费、过户手续的“阳合同”上记载的交易价格履行合同。

在二手房交易价格猛涨的大背景下，其实很多人以“阴阳合同”为由主张解除或无效，其实际的动因都是因为房屋价格的上涨而不愿继续履行。在这种情况下，如果法院仅仅依据双方约定的虚假成交价格条款损害了国家税收利益，就认定整个合同无效，显然有违诚实信用原则。而且根据合同法第五十六条的规定合同部分无效，不影响其他部分效力的，其他部分仍然有效。因此，在处理这类案件的过程中，往往是按照买卖合同双方当事人的真实意思来认定房地产的真实成交价格。很显然，逃避税收并不是双方订立房屋买卖合同的真实目的，除虚假成交价格之外的其他条款都是买卖双方的真实意思表示。

“不因价格条款的虚假来认定买卖合同无效并不代表法院对‘阴阳合同’采取认可或默许的态度，通常法院会对当事人规避交易税费的行为予以谴责，在必要的时候会一并建议相关行政部门予以处理。”

2.对买方的风险

从买方讲，虽然少交了一些税费，但如果该房屋再次进行交易，一是由于买入价低，房屋再出售时估值也会相应降低；二是由于买入价低，再次卖出的价格和买入价之间的差额就比较大，再次缴纳个人所得税时也要相应多缴。

3. 对卖方的风险

房屋权属过户所依据的低价合同，在法律形式上比双方私下约定的价高合同更具有法律效力。因此，可能存在将房屋权益转让给买方后，买方以价低的合同作为交易凭据，拒绝按事前商议的房价支付房款的风险。

根据法院实践，卖方不想卖房，想以为了避税而做的黑白合同请求法院确认合同无效的多数得不到支持，一般会认为合同有效，相关价格条款无效，应按照双方的真实意思继续履行合同。

4. 关于房屋买卖中税费的汇总

在律师日常接案及办案过程中接触了大量的关于税费的纠纷，现将买卖、赠与及继承的相关税费汇总如下，以助读者能够清楚在房屋流转过程中涉及的相关税费问题：

方式	房屋情况			增值税	个税	契税	印花税
买卖	不满 2 年		网签价 > 指导价	网签价 /1.05 × 5%	（网签价 /1.05– 原值 – 契税 – 装修 – 利息扣除）× 20%	网签价 /1.05 × 税率	
			网签价 < 指导价	指导价 /1.05 × 5%	（指导价 /1.05– 原值 – 契税 – 装修 – 利息扣除）× 20%	指导价 /1.05 × 税率	
	140 平以下	满 5 唯一	网签价 > 指导价			网签价 × 税率	
			网签价 < 指导价			指导价 /1.05 × 税率	
		满 2 不满 5 或不唯一	网签价 > 指导价		（网签价 – 原值 – 契税 – 装修 – 利息扣除）× 20%	网签价 × 税率	
			网签价 < 指导价		（指导价 /1.05– 原值 – 契税 – 装修 – 利息扣除）× 20%	指导价 /1.05 × 税率	

续表

方式	房屋情况			增值税	个税	契税	印花税
买卖	140平以上	满5唯一	网签价＞指导价	（网签价－原值）/1.05×5%		（网签价－增值税）×税率	
			网签价＜指导价	（指导价－原值）/1.05×5%		指导价/1.05×税率	
		满2不满5或不唯一	网签价＞指导价	（网签价－原值）/1.05×5%	（网签价－原值－契税－增值税加装修－利息扣除）×20%	（网签价－增值税）×税率	
			网签价＜指导价	（指导价－原值）/1.05×5%	（指导价/1.05－原值－契税加装修－利息扣除）×20%	指导价/1.05×税率	
赠与	受赠人	1. 直系亲属及兄弟姐妹； 2. 扶养人或者赡养人； 3. 受遗赠人				指导价×3%	指导价×万分之五
		除上述人员以外的其他人			（指导价－契税）×20%		
继承	继承人	法定继承人（包括配偶子女、父母、兄弟姐妹、祖父母、外祖父母）					指导价×万分之五
		非法定继承人				指导价×税率	
备注	1. 契税税率根据买方或者继承人及房屋情况区分：1%（唯一,90平以下）；1.5%（唯一、90平以上）；3%（非唯一、非普）。2. 印花税双方征收。						

法律依据

《中华人民共和国合同法》

第五十六条 无效的合同或者被撤销的合同自始没有法律约束力。合同部分无效，不影响其他部分效力的，其他部分仍然有效。

第六十条 当事人应当按照约定全面履行自己的义务。

当事人应当遵循诚实信用原则，根据合同的性质、目的和交易习惯履行通知、协助、保密等义务。

第八章　房屋继承及赠与

一、重男轻女宅基地拆迁全归儿，嫁出去的女儿是否就该毫无份额?

典型案例

周某系原告周某云（小女儿）、被告周某洪（大儿子）、被告周某兰（大女儿）、被告周某祥（二儿子）之父，周某于1996年去世，老伴儿王某至今身体健康。周某去世后留有位于北京市朝阳区东风乡将台洼村房屋一处，房屋性质属于宅基地。2013年7月，北京市朝阳区东风乡将台洼地区腾退拆迁，此处宅基地被拆除，王某与开发商签订了《拆迁安置补偿协议书》，根据协议，王某获得房屋拆迁腾退补偿款人民币600多万元，王某将全部拆迁补偿款都给了二儿子周某祥，大儿子和大女儿自愿放弃该补偿款，对于小女儿周某云，王某认为这是在农村，嫁出去的闺女就是泼出去的水，不应该继承拆迁补偿款，小女儿周某云不服气，认为这是父亲的宅基地，当年建房时也做了贡献，拆迁补偿款理应作为遗产，所有人共同继承，因此小女儿周某云作为原告，根据《中华人民共和国继承法》第十条的规定，将所有继承人列为被告起诉至朝阳法院，要求继承房屋拆迁补偿款。

原告认为：其父周某1996年2月注销户口，根据在北京市朝阳区东风乡将台洼村档案室调取的《农村宅基地发证审批表》上记载，土地使用者为周某。其父周某取得《农村宅基地发证审批表》后，于1986年翻盖房屋正房9间，东西厢房4间，由当时已工作的大儿子、大女儿及小女儿原告出资建造，当时原告已工作，工资交于父母，其二儿子当时在当兵期间（于1984年至1988年当兵）并未出资，根据以上事实，原告拥有法定继承权，理应继承拆迁补偿款。

被告王某认为：周某的宅基地原门牌号为将台洼22号，院落内的房屋是由周某祥一家和周某共同居住，院落宅基地面积是300多平方米。1998年根据北京市规划，重新划分了宅基地，并且重新排号，宅基地使用权人也由周某变成了自己，宅基地面积减少为167平方米，其他宅基地分给了周某祥一家，周某祥的门牌号为北京市朝阳区东风乡将台洼46号（以下简称将台洼46号）。周某名下的房屋按照拆迁补偿协议当中所标注的1号房，即五间房屋，共计补偿121440元，其中只有一间房属于周某与王某共有，其他4间房屋已经给了周某祥。将台洼22号的共居人是被告和周某，还有周某祥一家人。根据继承法规定，属于周某的遗产只有半间房屋，只有12144元是周某的遗产，分到每个人的名下，原告应该继承2428.8元，且王某已经给了原告20万元，已经远远超过遗产范围。因此，请法院驳回原告的诉讼请求。

被告周某祥认为：将台洼22号的宅基地之所以那么大，是因为被告在1992年建房，在1993年土地普查的时候，将被告所建房屋的土地记入了将台洼22号的宅基地面积内了。被告一家三口和周某、王某一直居住在将台洼22号中。1998年重新排号，被告建的房子的门牌号排上了，王某的没有排上号，就去补了一个门牌号，门牌号为北京市朝阳区东风乡将台洼170号。其他意见同被告王某。

被告周某洪认为：同意王某的意见。

被告周某兰经法院依法传唤无正当理由未参加2017年7月19日的庭审，但周某兰在2015年5月7日的庭前谈话中明确表述其同意王某和周某祥的意见。

北京市朝阳区人民法院审理查明，在周某去世时，留有将台洼22号内北房5间（即将台洼170号面积统计表中标注房号为1号的房屋）和东西厢房（位置系将台洼170号面积统计表中标注房号为3号和4号房屋的位置）。2003年，将台洼22号分为将台洼170号和将台洼46号两个院落，其中将台洼170号的宅基地由王某使用，将台洼46号的宅基地由周某祥使用。2003年，周某祥将原将台洼22号（即现将台洼170号）内东西厢房拆除翻建为将台洼170号面积统计表中标注房号为3号和4号的房屋。2011年，周某祥在原将台洼22号（即现将台洼 170 号）内新建了房屋（将台洼 170 号面积统计表中标注房号为 2 号的房屋）。2013 年 7 月 31 日，王某与泛海集团有限公司签订了尾号 145 的《腾退货币补偿协议》1 份，并领取了腾退补偿款 6792626 元。王某领取上述款项后，对补偿款进行了分割，周某洪、周某祥、周某兰对王某的分割没有异议，但原告对此不予认可，只认可从王某处领取了 20 万元。因原告与王某未能就拆迁房屋中涉及的周某的遗产继承问题达成一致，且王某亦未提供充分的证据证明，原告同意其分配遗产的方案，故本院对王某的主张不予采纳。法院认为：因周某的父母已经先于周某死亡，故周某的继承人应当为本案的原告及四被告。另，关于周某的遗产，应当认定将台洼 170 号面积统计表中标注房号为 1 号的房屋折迁款作为家庭的共同财产进行析产并确定周某的遗产。此外，周某祥对被继承人周某尽了主要的赡养义务，依照相关法律规定在分割遗产时可以多分。本院根据现有证据以及本案中房屋的建设情况，结合继承人对被继承人的赡养情况等因素，酌定原告应当继承周某遗产的金额为 50 万元，鉴于王某已经向原告支付了 20 万元，故王某还需将差额部分支付给原告。

律师点评

1. 关于本案遗产的界定

本案争议房屋性质为宅基地，进而产生的权利为宅基地使用权。宅基地使用权是指公民个人在国家或集体所有的宅基地上所享有的建造房屋以使用居住的一种物权。宅基地使用权人依法对集体所有的土地享有占有和使用的权利，有权依法利用该土地建造住宅及其附属设施。宅基地使用权的主体只能是农村集体经济组织的成员。宅基地使用权的用途仅限于村民建造个人住宅。宅基地使用权实行严格的“一户一宅”制，根据土地管理法的规定，农村村民一户只能拥有一处宅基地，其面积不得超过省、自治区、直辖市规定的标准。农村村民建住宅，应符合乡（镇）土地利用总体规划，并尽量使用原有的宅基地和村内空闲地。农村村民住宅用地，经乡（镇）人民政府审核，由县级人民政府批准，但如果涉及占用农用地的，应依照土地管理法的有关规定办理审批手续。农村村民出卖、出租住房后，再申请宅基地的，不予批准，并且，宅基地使用权是不可继承的。

宅基地使用权虽不能继承，但因使用权取得的财产权利，可以依法继承。本案中，《腾退货币补偿协议》系对周某名下宅基地上房屋进行拆迁而签订，周某名下宅基地上房屋被拆迁后，取得了腾退补偿款、腾退奖励费、补助费及其他补偿款。根据拆迁政策，若无合法宅基地使用权，则该笔补偿款难以取得，若该宅基地上未建筑房屋，该笔补偿亦不能达到现有数额。故腾退补偿款等系因周某宅基地使用权转化而来的财产权利，属于周某的遗产，笔者的这一观点，在法院的判决中也得到了确认。

2. 关于继承人及继承份额

继承人是指依法继承财产的人，分为法定继承人和遗嘱继承人。法定继承，第一顺序：配偶、子女、父母。第二顺序：兄弟姐妹、祖父母、外祖父母。遗嘱继承是指按照立遗嘱人生前所留下的符合法律规定的合法遗嘱的内容要求，确定被继承人的继承人及各继承人应继承遗产的份额。关于继承份额，同一顺序继承人继承遗产的份额，一般应当均等。对生活有特殊困难的缺乏劳动能力的继承人，分配遗产时，应当予以照顾。对被继承人尽了主要扶养义务或者与被继承人共同生活的继承人，分配遗产时，可以多分。有扶养能力和有扶养条件的继承人，不尽扶养义务的，分配遗产时，应当不分或者少分。继承人协商同意的，也可以不均等。

在本案中，因周某的父母已经先于周某死亡，故周某的继承人应当为本案的原告，即小女儿，以及四位被告，即周某配偶王某，大儿子周某洪，大女儿周某兰，二儿子周某祥。以上五位均为法定继承人，应当拥有法定继承权，并不因为男女性别而有所区分，也与女儿是否出嫁毫无关系，这位老母亲因生长在农村，难免会有重男轻女的落后思想，这种认为嫁出去的闺女就是泼出去的水的观念，实在是不可取，也没有任何法律依据，当然是不能被法院所采纳的。

法律依据

《中华人民共和国物权法》

第一百五十二条　宅基地使用权人依法对集体所有的土地享有占有和使用的权利，有权依法利用该土地建造住宅及其附属设施。

第一百五十三条　宅基地使用权的取得、行使和转让，适用土地管理法等法律和国家有关规定。

第一百五十四条 宅基地因自然灾害等原因灭失的，宅基地使用权消灭。对失去宅基地的村民，应当重新分配宅基地。

第一百五十五条 已经登记的宅基地使用权转让或者消灭的，应当及时办理变更登记或者注销登记。

《中华人民共和国土地管理法》

第六十二条 农村村民一户只能拥有一处宅基地，其宅基地的面积不得超过省、自治区、直辖市规定的标准。

农村村民建住宅，应当符合乡（镇）土地利用总体规划，并尽量使用原有的宅基地和村内空闲地。

农村村民住宅用地，经乡（镇）人民政府审核，由县级人民政府批准；其中，涉及占用农用地的，依照本法第四十四条的规定办理审批手续。

农村村民出卖、出租住房后，再申请宅基地的，不予批准。

第六十三条 农民集体所有的土地的使用权不得出让、转让或者出租用于非农业建设；但是，符合土地利用总体规划并依法取得建设用地的企业，因破产、兼并等情形致使土地使用权依法发生转移的除外。

《中华人民共和国继承法》

第十条 遗产按照下列顺序继承：

第一顺序：配偶、子女、父母。

第二顺序：兄弟姐妹、祖父母、外祖父母。

继承开始后，由第一顺序继承人继承，第二顺序继承人不继承。没有第一顺序继承人继承的，由第二顺序继承人继承。

本法所说的子女，包括婚生子女、非婚生子女、养子女和有扶养关系的继子女。

本法所说的父母，包括生父母、养父母和有扶养关系的继父母。

本法所说的兄弟姐妹，包括同父母的兄弟姐妹、同父异母或者同母异父的兄弟姐妹、养兄弟姐妹、有扶养关系的继兄弟姐妹。

第十三条 同一顺序继承人继承遗产的份额，一般应当均等。

对生活有特殊困难的缺乏劳动能力的继承人，分配遗产时，应当予以照顾。

对被继承人尽了主要扶养义务或者与被继承人共同生活的继承人，分配遗产时，可以多分。

有扶养能力和有扶养条件的继承人，不尽扶养义务的，分配遗产时，应当不分或者少分。

继承人协商同意的，也可以不均等。

二、口头遗嘱一家人反目成仇，为争房产孙女狠下毒手

典型案例

王某与刘彗星拥有一套位于包头市××区房屋，房屋所有权人登记在刘彗星名下，房屋现价值17万元，原告王某与被继承人刘彗星系夫妻关系，二人育有四子女，分别为高谦（大儿子）、被告刘某君（二女儿）、被告刘某惠（三女儿）、被告刘某穗（小女儿）。被继承人刘彗星在世时与子女一致同意将这套房屋给高谦，刘某梦的父亲高谦从2006年起就开始在诉争房屋居住，并且对房屋进行了装修，2014年，被继承人刘彗星因病去世，2016年10月，高谦去世，高谦的女儿被告刘某梦认为爷爷刘彗星生前与姑姑们已经明确表示手里的这套房子给父亲高谦（已去世），自己是父亲唯一的继承人，那么这房子也属于自己。2016年12月份，被告刘某梦为争夺房产，将祖母也就是原告王某打伤，并阻止原告王某出售房屋，原告王某面临着被家人扫地出门的情况，根据《中华人民共和国继承法》第十条、第二十六条之规定，将所有继承人作为被告，向法院提起诉讼，要求继承房屋。

原告认为：原告王某与被继承人刘彗星系夫妻关系，位于包头市××区房屋系原告王某与被继承人刘彗星夫妻共同财产，王某本身占有房屋一半的份额，被继承人刘彗星去世后，依照法定继承，王某在刘彗星享有的房屋一半份额内继续继承，占有最多的份额，理应是房屋的所有人。

被告刘某君认为：原告王某的起诉已超过诉讼时效，丧失了胜诉权；被继承人刘彗星在世时所有人均同意将房屋给高谦，所有人均知道，现在高谦去世，刘某梦作为高谦的唯一继承人，房屋应该给高谦的女儿即被告刘某梦。

被告刘某惠认为：同意原告王某诉讼请求。

被告刘某穗认为：同意原告王某诉讼请求。

被告刘某梦认为：原告王某起诉已过诉讼时效；被告刘某梦的父亲高谦从2006年起就开始在诉争房屋居住，并且对房屋进行了装修。爷爷刘彗星生前说过房子给我父亲高谦，这是口头遗嘱。

法院审理查明，刘彗星去世，原告王某与被继承人刘彗星系合法夫妻关系，二人育有四子女，分别为高谦、被告刘某君、被告刘某惠、被告刘某穗。2014年6月7日，被继承人刘彗星因病去世。2016年10月8日，高谦去世，高谦的继承人为其母亲即原告王某、其女儿即被告刘某梦。

另查明，位于包头市 ×× 区房屋系原告王某与被继承人刘彗星夫妻共同财产，房屋所有权人登记在刘彗星名下，原被告双方均认可位于包头市 ×× 区房屋的现价值为17万元。又查明，被告刘某君、刘某梦所称，刘彗星生前表示房子给高谦口头承诺，没有任何纸面性文件，也并无其他证据能够佐证，根据《中华人民共和国继承法》的相关规定，口头遗嘱的成立有着严格的标准，本案中情况，并不属于成立了口头遗嘱。本院认为：位于包头市 ×× 区房屋系原告王某与被继承人刘彗星的夫妻共同财产，被继承人刘彗星去世后该房屋的一半份额为遗产，被告刘某梦所说被继承人刘彗星订立口头遗嘱一事，本院不予认可，由原告王某、高谦、被告刘某君、被告刘某惠、被告刘某穗共同继承，每人享有继承房屋价值的1/10。因高谦在遗产分割前去世，其应继承的份额由其继承人来继承，即由原告王某、被告刘某梦继承高谦应继承的份额，每人继承房屋价值的1/20。考虑原告王某的年龄及占有份额较多，故该诉讼房屋归原告王某继承，由原告王某给予各被告应继承房屋份额的折价款，即被告刘某君、被告刘某惠、被告刘某穗各17000元，被告刘某梦8500元。各被告协助原告王某办理房屋过户手续。

律师点评

1. 关于本案的所属性质

本案是一起遗嘱继承纠纷，所争议的焦点和标的是位于包头 ×× 区的房屋，原被告双方所有争议的问题也都是从被继承人的生前口头遗嘱里延伸出来的。

有人提出，被告刘某梦是被继承人的孙女，而在我国继承顺位中只有两顺位，第一顺序：配偶、子女、父母。第二顺序：兄弟姐妹、祖父母、外祖父母。继承开始后，由第一顺序继承人继承，第二顺序继承人不继承。没有第一顺序继承人继承的，由第二顺序继承人继承。而遗嘱继承只能发生在这两顺序的法定继承人之中，刘彗星做出的行为不是遗嘱，而是遗赠，遗赠是被继承人通过遗嘱的方式，将其遗产的一部分或全部赠予法定继承人以外的人的一种民事法律行为，如果生硬地把条文套用到本案中，就会死板地得出本案是遗赠继承案件的结论，这样连案件的性质都会搞错，如果这样的案件由这样的律师代理，焉有不败之理。首先，本案争议的遗嘱并不是被继承人刘彗星的自书遗嘱，仅仅是通过被告人刘某君和刘某梦在案中提出的描述，连一张纸面性文件和一名合格的见证人都没有，根本无法证明两人所主张的真实性；其次，只有被继承人亲笔书写的书面遗嘱才能作为判断案中被继承人行为是遗嘱还是遗赠的载体，口头遗嘱和本案中无法证明真实性的口头性表达根本不能认定本案是遗赠性质的继承案件。所以本案本质上还是一起遗嘱房屋继承案件。

2. 关于本案口头遗嘱的认定

什么叫作遗嘱？遗嘱是指遗嘱人生前在法律允许的范围内，按照法律规定的方式对其遗产或其他事务所作的个人处分，并于遗嘱人死亡时发生效力的法律行为，其中最常见跟本案也有关联性的是自书遗嘱，自书遗嘱是遗嘱人亲笔书写并签名的特殊遗嘱形式，是除公证遗嘱外，法律效力最高的遗嘱形式，对于遗嘱人也是一种便利、安全、可靠的财富传承方式。本案中，原被告均没有提出被继承人做出过书面性质的自书遗嘱，被告主张被继承人生前的承诺是口头遗嘱，理由更是牵强，根据继承法的相关规定，口头遗嘱是指在危急情况下所立的遗嘱，口头遗嘱应当有两个以上见证人在场见证。但在危急情况解除后，遗嘱人能够用书面或者录音形式立遗嘱的，所立的口头遗嘱无效。可以看出，设立口头遗嘱制度本身就是为了应对特殊的紧急情况下的临时性方式，适用口头遗嘱，有着严格的前提，在危急的情况下，比如，生病即将病危，发生了紧急情况，遗嘱人无法及时写出书面文件等。并且，要有两个以上见证人，见证人要求必须与遗嘱人无利害关系，子女亲友这类的近亲属当然有利害关系，不能做见证人。两个条件具备，意思表示真实合法，这样做出的口头遗嘱才具有法律效力，本案被告提出的口头遗嘱主张，完全不符合继承法口头遗嘱的相关标准，口头遗嘱根本没有成立，法院当然不会认可被告的主张。

3. 本案继承中体现出的问题

本案中争议的焦点是房产的归属问题，案中房产是原告王某与被继承人刘彗星在夫妻存续期间所购房屋，属于夫妻共同所有，其中房屋一半的份额本就属于原告王某所有，任何人无权决定这个份额的归属，被继承人刘彗星去世后，其所拥有的另一半房屋份额由王某、刘某君、刘某惠、刘某穗和高谦（已去世）之女刘某梦之间析产均等继承，最终原告王某所占房产份额最大，法院将房产判给原告王某也就不足为奇。

法律依据

《中华人民共和国继承法》

第三条 遗产是公民死亡时遗留的个人合法财产，包括：

（一）公民的收入；

（二）公民的房屋、储蓄和生活用品；

（三）公民的林木、牲畜和家禽；

（四）公民的文物、图书资料；

（五）法律允许公民所有的生产资料；

（六）公民的著作权、专利权中的财产权利；

（七）公民的其他合法财产。

第十条 遗产按照下列顺序继承：

第一顺序：配偶、子女、父母。

第二顺序：兄弟姐妹、祖父母、外祖父母。

继承开始后，由第一顺序继承人继承，第二顺序继承人不继承。没有第一顺序继承人继承的，由第二顺序继承人继承。

本法所说的子女，包括婚生子女、非婚生子女、养子女和有扶养关系的继子女。

本法所说的父母，包括生父母、养父母和有扶养关系的继父母。

本法所说的兄弟姐妹，包括同父母的兄弟姐妹、同父异母或者同母异父的兄弟姐妹、养兄弟姐妹、有扶养关系的继兄弟姐妹。

第十六条 公民可以依照本法规定立遗嘱处分个人财产，并可以指定遗嘱执行人。

公民可以立遗嘱将个人财产指定由法定继承人的一人或者数人继承。

公民可以立遗嘱将个人财产赠给国家、集体或者法定继承人以外的人。

第十七条 公证遗嘱由遗嘱人经公证机关办理。

自书遗嘱由遗嘱人亲笔书写，签名，注明年、月、日。

代书遗嘱应当有两个以上见证人在场见证，由其中一人代书，注明年、月、日，并由代书人、其他见证人和遗嘱人签名。

以录音形式立的遗嘱，应当有两个以上见证人在场见证。

遗嘱人在危急情况下，可以立口头遗嘱。口头遗嘱应当有两个以上见证人在场见证。危急情况解除后，遗嘱人能够用书面或者录音形式立遗嘱的，所立的口头遗嘱无效。

第二十六条 夫妻在婚姻关系存续期间所得的共同所有的财产，除有约定的以外，如果分割遗产，应当先将共同所有的财产的一半分出为配偶所有，其余的为被继承人的遗产。

遗产在家庭共有财产之中的，遗产分割时，应当先分出他人的财产。

三、老人去世房屋赠与保姆，两份遗嘱究竟哪份有效?

典型案例

王某（保姆）于2006年4月到叶茂秋（立嘱人）、姚佩章夫妇家中做保姆，姚佩章2007年5月去世。此后王某一直服侍叶茂秋，2009年其与叶茂秋一同到上海对叶茂秋进行照顾。2014年2月5日叶茂秋在上海病故，在办理完叶茂秋的丧事后，叶茂秋的外甥张力（化名）交给王某一份遗嘱，王某才知道叶茂秋将位于西安市莲湖区莲湖路5号的30××5号房屋遗赠给王某，但被告叶某甲（叶茂秋养女）于2014年2月22日私自领取了该房屋产权证，王某多次要求叶某甲依照遗嘱内容，向其协助到房产登记机关办理过户手续，但叶某甲并不认同叶茂秋的遗嘱效力，并说，原告王某在来到叶茂秋和姚佩章家中做保姆期间，一直偷奸耍滑，不认真履行自己的职责，从未尽心照顾两位老人的生活，在姚佩章老人去世后，更是在老人生病期间，私自出外打工，这份遗嘱是立嘱人叶茂秋在生前生病的时候遭受王某胁迫的情况下写出的，是无效的遗嘱。自己在整理老人遗物时也找到一份遗嘱，上面指明房子由自己和儿子郭少博继承，应按这份遗嘱进行继承，不予协助原告王某办理房屋过户手续，王某遂向法院起诉。

原告认为：原告于2006年4月到叶茂秋、姚佩章夫妇家中做保姆，姚佩章2007年5月去世。此后原告一直服侍叶茂秋，2009年原告与叶茂秋一同到上海对叶茂秋进行照顾，其间一直尽心尽职，对待叶茂秋、姚佩章两位老人如同自己家里的老人一样照顾，2014年2月5日叶茂秋在上海病故后，立嘱人叶茂秋的外甥张力突然找上我，交给我一份叶茂秋生前所写的遗嘱（下文称《专项遗嘱》），遗嘱上将位于西安市莲湖区莲湖路5号的30××5号房屋遗赠给我，我也是在立嘱人叶茂秋老人去世后才知道的。房屋给我，是因为我在来到叶茂秋家后，一直兢兢业业，勤勤恳恳，尽心照顾老人生活，老人每个月只给我600元保姆费，看我需要养家育儿，在西安时给我主动联系兼职单位打工，我2009年随叶茂秋一同到上海，叶茂秋又主动替我找打工公司，自那一直到叶茂秋老人去世，我一直尽心照顾老人的生活起居。而老人的子女，被告叶某甲（养女）、叶某乙（养子），在老人生前不看望老人，不照顾老人，被告叶某乙更是多次表示与立嘱人叶茂秋断绝子女关系。我受赠立嘱人叶茂秋赠与的房屋是合情合法的。

被告叶某甲认为：2007年姚佩章病逝后，叶茂秋尚健在并在上述房屋中居住生活，包括叶某甲在内的其他法定继承人并未对属于姚佩章的遗产进行分割析产，叶茂秋对这部分财产无权处分。王某所持的遗嘱是一个附条件生效遗嘱，条件为：王某须将叶茂秋服侍送终。王某在做保姆期间并未尽心尽力照顾叶茂秋，在2009年4月王某随叶茂秋到上海不久，即出去打工，同时无偿居住在老人租住的房子中，每月还领取600元保姆费。王某在2010年随叶茂秋回西安当天从叶茂秋手中拿到代保管的1万元后随即回老家丹凤。叶茂秋住院后王某在医院陪护5天待老人出院即外出打工。2014年2月5日叶茂秋因犯病给王某打电话寻求帮助，但始终未能拨通电话直至叶茂秋去世。王某并未尽到服侍、照料义务，遗嘱所附条件未成就，故该遗嘱为无效。叶茂秋去世后，在整理遗物时发现2011年1月11日其父给叶某甲留有一份遗嘱，将诉争房屋3×××5号房屋由叶某甲及儿子郭少博继承。该遗嘱是叶茂秋的真实意思表示，为自书遗嘱，依照《中华人民共和国继承法》规定“遗嘱人可以撤销、变更自己所立的遗嘱，立有数份遗嘱，内容相互抵触的，以后立的遗嘱为准”，并且，原告王某所持《专项遗嘱》是趁老人生病时胁迫老人写出的，是无效的，应认为 2011 年 1 月 11 日遗嘱是叶茂秋的真实意思表示，是有效的遗嘱，请求法院驳回王某的诉讼请求。

被告叶某乙经合法传唤未到庭应诉，亦未递交答辩状。

西安市莲湖区人民法院经审理查明，叶茂秋和姚佩章是夫妻关系，均系陕西省建三公司的退休职工，1966 年收养一女叶某甲，1973 年 4 月收养一子叶某乙。2006 年 4 月，因姚佩章患病，叶茂秋雇佣王某当保姆，次年 5 月 25 日姚佩章去世。去世后叶茂秋依然让王某当保姆，同时又在其他单位给王某找了一份清洁工的工作，住在叶茂秋家。×××× 年 × 月王某因分娩返回老家，2009 年叶茂秋带王某同去上海继续照顾叶茂秋，月工资 600 元，并在上海给王某找了另外一份工作作补贴。此间双方返回过西安，2014 年 2 月 5 日叶茂秋因病在上海去世。叶茂秋在上海租赁他人房屋居住，王某及其丈夫、孩子同住，叶茂秋去世时，家中无人，王某在外打工，双方通过电话。

本市莲湖路 6 号房屋两套是叶茂秋单位所分，其中 × 幢 4 层两室一厅房屋一套，建筑面积 59 平方米，5 层补差房屋一间，建筑面积 12.10 平方米，权属证号为 11××××III–××–3×××。叶茂秋去世后上述房屋均颁发了产权证，两套房屋的产权登记在叶茂秋名下，产权证由叶某甲领取，叶某甲未提供补交购房款证据。

叶茂秋与叶某乙曾因经济问题发生矛盾产生诉讼，2007 年 5 月 25 日中午处理完姚佩章的丧事后，叶某乙夫妇当场宣布与叶茂秋、姚佩章断绝父母子女关系，但一直未办理相关的手续。2007 年 12 月，叶茂秋曾诉至法院要求解除与叶某乙的收养关系，2008 年 3 月 12 日撤诉。2010 年 5 月，叶茂秋曾诉至雁塔法院，要求解除与叶某甲的收养关系，同年 10 月 27 日撤诉。

2010 年 10 月 7 日，叶茂秋立有《遗嘱》《专项遗嘱》，其中《遗嘱》主要内容包括五部分及写给王某的《专项遗嘱》，《遗嘱》对莲湖路 6 号两套房屋中 59 平方米一套赠与给其三个妹妹叶佩娟、叶某丁、叶某戊、外甥金平；《专项遗嘱》为 5 层补差一间 12.1 平方米无偿赠与给王某，但必须将其服侍送终，若中途有变，本遗嘱同时失效，为了单独领取房产证，后期补交的房差价款 8946

元由王某承担。该《遗嘱》有见证人叶某丙、叶某丁、叶某戊签字。上述《遗嘱》《专项遗嘱》由叶茂秋妹妹持有，叶茂秋死亡后，叶茂秋外甥张力告知王某，叶茂秋生前留有《专项遗嘱》，将12.1平方米房屋赠与王某。叶茂秋丧事办完后，张力将叶茂秋的《专项遗嘱》交给王某。

2011 年 3 月，王某持《专项遗嘱》诉至法院。审理中，叶某甲认可《专项遗嘱》系叶茂秋所写，但认为该《专项遗嘱》是叶茂秋在生病时受亲属胁迫所写，不是叶茂秋真实意思表示。同时举证 2011 年 1 月 11 日叶茂秋所立《遗嘱》内容是：以前所立遗嘱失效，两处房屋由叶某甲、外孙郭少博继承，叶某乙处债权 11.6 万元由叶某甲继续追讨。证明两处房屋应由叶某甲、郭少博继承。该《遗嘱》叶某甲称是处理完叶茂秋丧事后叶某甲夫妇整理叶茂秋遗物时发现的，现由叶某甲持有。王某对该《遗嘱》真实性提出异议，申请对三份遗嘱进行鉴定，其中检材为叶某甲所持《遗嘱》，样本为张力、王某所持《遗嘱》及《专项遗嘱》。2014 年 8 月 29 日，陕西蓝 × 司法鉴定中心“（2014）文鉴字第 ×× 号”鉴定报告结论为三份遗嘱笔迹为同一人书写。王某提出异议，再次申请鉴定。2014 年 9 月 29 日，陕西中 × 司法鉴定中心“（2014）文鉴字第 ××× 号”鉴定报告结论为“检材书写笔迹与样本书写笔迹不是同一人书写”。两次鉴定费 9000 元，由王某支付。对两份不同的鉴定结论，王某认为叶某甲所持遗嘱是伪造，不申请再次鉴定。叶某甲认为，三份遗嘱均是叶茂秋所写，认为鉴定部门能力存在问题，不申请再次鉴定，其中《专项遗嘱》虽系叶茂秋所写，但是在受胁迫状况下产生，不是叶茂秋真实意思表示，叶茂秋死亡前与王某多次通话，王某未到现场致叶茂秋死亡，死因不明，王某未按照《专项遗嘱》将叶茂秋服侍送终的要求，履行照顾叶茂秋义务。

审理中，双方均认可按照每平方米 4000 元折算诉争房屋产值。

法院认为：收养关系的解除应通过协议解除、登记解除、诉讼解除。叶某甲、叶某乙均系叶茂秋、姚佩章夫妇养子女，虽然在姚佩章去世后，叶茂秋与叶某乙因经济问题发生矛盾，叶茂秋曾诉讼要求解除与叶某甲、叶某乙收养关系，后又撤诉，且也没有证据证明双方之间存在协议解除、登记解除的事实，故双方收养关系仍然存在，可以确定叶某甲、叶某乙系叶茂秋、姚佩章的继承人。本案争议的焦点是王某所持 2010 年 10 月 7 日《专项遗嘱》与叶某甲所持

2011年1月11日《遗嘱》是否系叶茂秋所写。叶某甲不否认三份遗嘱的真实性，王某对叶某甲所持遗嘱真实性存在异议，经两次鉴定，虽然结论相悖，但第二次鉴定结论“检材书写笔迹与样本书写笔迹不是同一人书写”说明叶某甲所持遗嘱与王某所持《专项遗嘱》不是一人书写，如叶某甲持有异议，应承担举证责任，因其未提供证据证明，故承担举证不能后果，王某所持《专项遗嘱》真实性高于叶某甲所持《遗嘱》应予采信。公民可以立遗嘱将个人财产赠给国家、集体或者法定继承人以外的人，该房屋系叶茂秋、姚佩章夫妇共同财产，姚佩章去世后，应由继承人叶茂秋、叶某乙、叶某甲析产继承。但叶茂秋未征得其他继承人同意，所立《专项遗嘱》将房屋赠与王某，处分了其他继承人应继承的遗产，该部分应为无效。该房屋建筑面积12.1平方米，折价48400元。姚佩章先于叶茂秋死亡，房屋一半即24200元应作为姚佩章遗产由叶茂秋、叶某甲、叶某乙继承，每人继承所得8067元。故叶茂秋享有该房屋大部分产权，根据《专项遗嘱》叶茂秋意思表示，该房屋应由王某受赠，叶某甲将该房屋产权证书移交王某，王某亦应按照折价款支付叶某甲、叶某乙应继承姚佩章的份额。叶茂秋死亡，王某未在现场，不能说明王某未尽照顾叶茂秋义务，故叶某甲抗辩理由不能成立。登记在叶茂秋名下位于西安市莲湖路6号×幢五层房屋一间由王某受赠所得，王某分别支付叶某甲、叶某乙房屋折价款各8067元整。

律师点评

1. 本案遗嘱性质

本案遗嘱是附带条件的遗嘱，我国继承法规定遗嘱中可以附带义务，如义务能够履行，而继承人、受遗赠人无正当理由不履行，经受益人或其他继承人请求，人民法院可以取消他接受附义务那部分遗产的权利，由提出请求的继承人或受益人负责按遗嘱人的意愿履行义务，接受遗产，《专项遗嘱》中叶茂秋要求王某服侍送终，履行照顾叶茂秋义务，王某一直在上海与叶茂秋生活，在外打工，无证据表明叶茂秋反对。叶茂秋死亡，王某未在现场，结合其于2010年10月7日立遗嘱将诉争房屋遗赠给王某，客观上反映出叶茂秋对王某长期做保姆工作的肯定和认可。至于叶茂秋突发疾病去世当日，王某因还在外兼职，未接电话及时赶回送别叶茂秋，但不能因此否定王某多年对叶茂秋所做的保姆工作。叶茂秋与王某同住一处，王某在做保姆的同时还在外兼职，叶茂秋应当知情并同意，否则不会让王某住在家里。故叶某甲称王某未履行将叶茂秋服侍到送终的义务不能成立，不能说明王某未尽照顾叶茂秋义务，故叶某甲抗辩理由不能成立。

2. 两份遗嘱哪份有效

本案中双方均申请司法鉴定，这是法律赋予当事人的权利，专业鉴定部分，笔者不予赘述。但需指出我国关于民事证据鉴定和重新鉴定有着自己的程序启动标准，只有在符合鉴定机构或人员不符合资格、鉴定程序严重违法、依据严重不足或其他情况下才能申请重新鉴定，案中，法庭听取原告王某申请重新鉴定的意见后，允许做出重新鉴定，是有相关法律依据的。

法律依据

《中华人民共和国继承法》

第三条 遗产是公民死亡时遗留的个人合法财产，包括：

（一）公民的收入；

（二）公民的房屋、储蓄和生活用品；

（三）公民的林木、牲畜和家禽；

（四）公民的文物、图书资料；

（五）法律允许公民所有的生产资料；

（六）公民的著作权、专利权中的财产权利；

（七）公民的其他合法财产。

第十六条 公民可以依照本法规定立遗嘱处分个人财产，并可以指定遗嘱执行人。

公民可以立遗嘱将个人财产指定由法定继承人的一人或者数人继承。

公民可以立遗嘱将个人财产赠给国家、集体或者法定继承人以外的人。

第二十七条 有下列情形之一的，遗产中的有关部分按照法定继承办理：

（一）遗嘱继承人放弃继承或者受遗赠人放弃受遗赠的；

（二）遗嘱继承人丧失继承权的；

（三）遗嘱继承人、受遗赠人先于遗嘱人死亡的；

（四）遗嘱无效部分所涉及的遗产；

（五）遗嘱未处分的遗产。

第二十九条 遗产分割应当有利于生产和生活需要，不损害遗产的效用。

不宜分割的遗产，可以采取折价、适当补偿或者共有等方法处理。

《最高人民法院关于民事诉讼证据的若干规定》

第二十七条 当事人对人民法院委托的鉴定部门作出的鉴定结论有异议申请重新鉴定，提出证据证明存在下列情形之一的，人民法院应予准许：

（一）鉴定机构或者鉴定人员不具备相关的鉴定资格的；

（二）鉴定程序严重违法的；

（三）鉴定结论明显依据不足的；

（四）经过质证认定不能作为证据使用的其他情形。

对有缺陷的鉴定结论，可以通过补充鉴定、重新质证或者补充质证等方法解决的，不予重新鉴定。

四、有遗嘱却得不到房子，房产继承要注意时效

典型案例

鹿芳甲是原告鹿芳的姑姑，被告卫某的继母，××××年，鹿芳甲与被告卫某之父卫某乙登记结婚，二人系再婚，结婚时卫某乙有五个子女，二人婚后未有婚生子女，婚后，鹿芳甲与卫某乙取得位于郑州市××区康复前街××院××楼××房屋××套，2014年12月29日，卫某乙去世，未留遗嘱。2015年9月18日，鹿芳甲因身体状况恶化，侄女鹿芳在医院悉心照料，鹿芳甲亲拟一份《遗赠扶养协议》，约定由鹿芳在其生前扶养照顾，身故后将其骨灰带回河北老家安葬，其位于郑州市的房子的夫妻共同财产部分和应继承的份额由鹿芳所有，并找律师见证签订的全过程，《遗赠扶养协议》签订后，原告鹿芳依旧悉心照顾鹿芳甲生活起居，直至鹿芳甲去世，此后鹿芳按照老人遗愿将其骨灰带回河北老家安葬，完成生养死葬的义务。被告卫某认为房屋是父亲留下来的，鹿芳甲与父亲是夫妻，那么鹿芳甲去世后，房子也就是留给自己的，被告卫某在未

征得原告同意的情况下，私自将涉案房屋过户到自己名下，原告鹿芳为了维护自己的合法权益，遂起诉到法院。

原告认为：继姑父卫某乙去世后，姑姑鹿芳甲一直居住在本案涉争房屋中，2015年9月18日，鹿芳甲因身体状况恶化，住进医院，自己从小与姑姑感情深厚，所以专门来医院悉心照料，鹿芳甲甚为感动，故亲笔拟定《遗赠扶养协议》一份，约定由鹿芳在其生前扶养照顾，身故后将其骨灰带回河北老家安葬，其位于郑州市××区康复前街××院××楼××号的房屋夫妻共同财产部分和应继承的份额由鹿芳所有。同日，鹿芳甲委托河南金某力律师事务所对《遗赠扶养协议》签订的过程进行律师见证。《遗赠扶养协议》签订之后，自己依旧悉心照顾鹿芳甲生活起居，直至2015年12月5日鹿芳甲去世，此后鹿芳按照老人遗愿将其骨灰带回河北老家安葬，完成生养死葬的义务。自己完全履行了扶养协议中约定的义务，理应得到约定的房产份额。

被告卫某认为：父亲卫某乙于××××年××月××日与鹿芳甲登记结婚，属再婚，卫某乙婚前有五名子女，分别是卫某（大儿子）、卫某丙（大女儿）、卫某丁（二女儿）、卫某戊（三女儿）、卫某己（小女儿），婚后其二人无再生育子女，二人再婚时除被告卫某外其余四位女儿均系未成年，在家庭共同生活中继母与继子女之间形成了实际的抚养与被抚养关系，婚后二人共同生活了四十四年。双方共同所有诉争房子，2014年，父亲卫某乙去世，2015年12月5日，继母鹿芳甲去世。因父亲未留有遗嘱，除鹿芳甲去世后，在郑大五附院有鹿芳甲生前单位郑州华联公司人员在场问询鹿芳是否鹿芳甲有遗嘱或其他协议时鹿芳表示只有2015年9月11日所立遗嘱，除鹿芳甲2015年9月11日所立遗嘱外，被告卫某兄妹五人从未见到对案涉房子的遗嘱或遗赠扶养协议。由于鹿芳甲与被告卫某五兄妹形成了实际的抚养与被抚养关系，根据法律规定有权互相继承彼此的财产，在此前提下经兄妹几人协商，共同同意由被告卫某继承父母的房产，自己就是房屋的合法继承人。

继母鹿芳甲于2015年12月5日去世，去世后在郑大五附院经鹿芳甲生前单位郑州华联公司人员问询鹿芳是否有遗嘱或协议，鹿芳称只有2015年9月11日鹿芳甲所立遗嘱，郑州华联和被告卫某均遵从鹿芳甲的遗嘱将其抚恤金和丧葬费由原告鹿芳领取，并同意其将鹿芳甲的骨灰带回原籍。然而被告卫某和鹿芳甲的生前单位郑州华联人员均未见过原告鹿芳在诉状中所称的《遗赠扶养协议》。至于该份协议的效力如何暂且不说，那么在2015年12月5日鹿芳甲去世后原告鹿芳手里有一份遗嘱一份《遗赠扶养协议》，此时其向被告卫某及郑州华联出示的是遗嘱，那么就可以证明其认可和执行的就是该份遗嘱，而非《遗赠扶养协议》，不然的话其当时就应该提出来主张履行《遗赠扶养协议》，要求案涉房产的所有权。

并且，原告鹿芳现在主张行使遗赠扶养协议的权利已经超过法定的接受遗赠的时效。即使原告鹿芳所称的《遗赠扶养协议》是有效的，那么该份协议的签订时间为2015年9月18日，鹿芳甲的去世时间为2015年12月5日，那么原告鹿芳在2016年2月5日之后再主张接受遗赠的表示已超过了法律规定的两个月期间，故其请求同样不能成立。

法院审理查明，卫某乙去世后留下老伴鹿芳甲居住在诉争房屋，2015年8月28日，鹿芳甲书写遗嘱声明：××期间，让我侄女鹿芳帮我从银行所取款项都交我本人保管，并由我自己支配，望其他所有人，不要难为我侄女鹿芳。2015年9月11日，鹿芳甲书写遗嘱：我是郑州华联退休的老职工鹿芳甲，我住在康复前街××号院××单元××楼××号。我本人无子女，住院期间都是我侄女鹿芳在我床前精心地照护我，端屎倒尿，不论白天黑夜等，忙个不停。病号们都在夸我的侄女特别孝敬我。所以我的后事，我死后的抚恤金及丧葬费全给我侄女鹿芳领取。把我的骨灰带回原籍石家庄埋在我父母身边。渴望尊敬领导帮助我支持实现这个心愿，唯盼！！非常感谢不尽。2015年9月18日，原告鹿芳与鹿芳甲在河南金某力律师事务所律师李某、司某某的见证下签订遗赠扶养协议。内容如下：我与丈夫卫某乙有四女一子，均有职业。丈夫卫某乙于2014年12月29日因病去世，他死前我们共有房屋一套，面积约67.93平方米。现在由我本人居住，该房屋位于康复前街××号院××号楼××号。我丈夫去世后，该房屋没有进行遗产分割，但房本由小女儿卫某己拿走。近日来，我的身体状况显著恶化，经郑州大学第五附属医院确诊为恶性食道癌，病重期间，我侄女鹿芳精心照料，端屎倒尿，不分昼夜，忙个不停。而我的子女几乎不管不问，如同打发要饭。侄女一个人忙不过来，又帮我找个保姆，让我度余生，我深受感激。我侄女的孝道之心，我不能亏待她。经我俩协商愿立此协议：一、我的名下没有存款，生活有政府发放的退休金，我死后的抚恤金和丧葬费由我侄女鹿芳代领并将我的骨灰盒带回原籍河北老家父母身边以守孝道。二、现有的房屋，我本人应得的部分，归我侄女鹿芳所有。三、鹿芳保证生前扶养我（鹿芳甲），我死后，鹿芳负责办理我的后事，以上内容是我（鹿芳甲）亲笔所写，我头脑清醒，是我真实意思。2015年12月5日，鹿芳甲去世。原告鹿芳按鹿芳甲于2015年9月11日书写的遗嘱向鹿芳甲生前所在单位郑州华联商厦有限公司领取鹿芳甲的丧葬费、抚恤金，郑州华联商厦有限公司征得被告卫某及妹妹们的同意后将鹿芳甲的丧葬费、抚恤金共计54947.2元由原告鹿芳领取。之后原告鹿芳将鹿芳甲骨灰带回河北老家安葬。2016年5月26日，卫某丙、卫某、卫某丁、卫某戊、卫某己向河南省郑州市二七公证处申请办理继承权公证。2016年6月10日，河南省郑州市二七公证处作出（2016）郑二证民字第865号公证书，该公证书显示，卫家五子女均认可诉争房屋系卫某乙与鹿芳甲生前财产，除卫某外，其余子女均声明放弃上述遗产的继承权，卫某表示要求继承上述遗产。2016年8月3日，卫某领取办至其名下的上述房屋的所有权证。

法院认为：根据《中华人民共和国继承法》第二十五条第二款之规定：受遗赠人应当在知道受遗赠后两个月内作出接受或者放弃受遗赠的表示。到期没有表示的，视为放弃受遗赠。虽然原告鹿芳与鹿芳甲于2015年9月18日签订遗赠扶养协议，但鹿芳甲于2015年12月5日去世，原告鹿芳应当知道继承已经开始，其应当在法定两个月时间内向有关个人或单位作出接受涉案房屋遗赠的表示。现原告鹿芳未能举证证明在法定时间内向有关个人或单位作出接受涉案房屋遗赠的表示的证据，故原告鹿芳的诉讼请求，本院不予支持，判决驳回原告鹿芳诉讼请求。

律师点评

1. 案件性质

本案是一起遗赠扶养协议继承案件，本质上是遗赠赠与，本案本身就是当下社会中经常发生，因为亲属感情之间的关系疏远而将房产赠与远亲，甚至其他第三人，发生这种事的社会大背景姑且不论，单讲里面需要关注的法律运用技巧。

2. 需要注意的

有读者可能会疑惑，为什么有些跟本案相似的房产遗赠案件，法院会将房产判决给遗赠协议中的房产受与人，而在本案却将房产最终判给了被告一方？

这其实跟我国法律的规定有关，正常的遗嘱继承中，继承开始后，继承人放弃继承的，应当在遗产处理前，作出放弃继承的表示。没有表示的，视为接受继承。而在遗赠或者遗赠扶养协议中，受遗赠人应当在知道受遗赠后两个月内，作出接受或者放弃受遗赠的表示。到期没有表示的，视为放弃受遗赠。

请注意，两种情况下，只有在遗嘱继承下，在处置遗产前，继承人不表示的情况下，是视为接受继承的；而在遗赠或者遗赠扶养协议中，受遗赠人应在知道受遗赠后的两个月中表示接受或不接受，到了期限，不作出表示的，是视为放弃遗赠的。

法律依据

《中华人民共和国继承法》

第五条 继承开始后，按照法定继承办理；有遗嘱的，按照遗嘱继承或者遗赠办理；有遗赠扶养协议的，按照协议办理。

第二十五条 继承开始后，继承人放弃继承的，应当在遗产处理前，作出放弃继承的表示。没有表示的，视为接受继承。

受遗赠人应当在知道受遗赠后两个月内，作出接受或者放弃受遗赠的表示。到期没有表示的，视为放弃受遗赠。

五、为房产兄妹争得你死我活，代书遗嘱成立还须合法

典型案例

刘德良（被继承人）、柏树明夫妻生育6名子女（长子刘某5、次子刘某1、三子刘某6、长女刘某2、次女刘某4、三女刘某3），被继承人柏树明于2008

年3月10日去世，当时位于北京市昌平区兴寿镇桃峪口村256号院内有旧北房五间，东厢房三间未析产与继承，继续由刘德良居住使用，因刘德良年事已高生活起居不能自理，在此期间主要由原告刘某1、刘某2、刘某3、刘某4轮流照顾侍候刘德良的生活起居等。2016年4月22日，刘德良去世，留有房屋和村集体确权股权。刘德良生前于2012年6月9日，订立了一份代书遗嘱，该遗嘱内容，表示将原属于被继承人刘德良的256号院内房产权留给刘某1，同时享有宅基地使用权。兄妹6人自此为了继承老人去世后留下的房产和村集体股权分红，开始互相争执起来，刘某1、刘某2、刘某3、刘某4将刘某5、刘某6告上法庭。

原告刘某1认为：刘德良所立遗嘱及内容，符合法律的规定，且遗嘱内容是刘德良真实意思表示，原告依据该遗嘱享有刘德良遗产的权利。二被告人在母亲柏树明去世后，对父亲刘德良从未看望，不尽赡养义务，故二被告不享有继承父母亲的遗产权利。涉案遗产由被告刘某5占有，并阻止原告继承父亲刘德良在村集体的股权收益款项，双方就父母亲的房屋遗嘱，及村集体股权收益继承不能达成协议。为维护自己合法的继承权，故起诉至法院。

原告刘某2认为：并通过委托诉讼代理人刘某1向本庭提交书面证明，表示将其继承父母亲房屋遗产份额给予原告刘某1所有，由刘某1、刘某2、刘某4、刘某3共同继承刘德良享有的北京市昌平区兴寿镇桃峪口村股份合作社的股权及收益款项。

原告刘某4认为：认同原告刘某1起诉的诉求，及起诉的相关事实和理由陈述。认可在刘德良去世前，由本人代父亲刘德良领取每年村集体股权分红收益款的事实，该款全部用于父亲刘德良日常生活，并没有剩余款项。关于父亲去世之后，其每年享有的股权收益款项提出依法继承。另提出本案刘德良的遗嘱，如无效，本原告同意依法由几原告共同继承，理由是在母亲柏树明去世后，父亲刘德良是由几原告共同养老送终，而二被告自母亲柏树明去世后，根本未尽赡养父亲刘德良的义务，故二被告不享有继承刘德良的遗产权利。

原告刘某3认为：向本院提出的诉求及事实和理由，与原告刘某1、原告刘某4的诉称意见及事实和理由一致。

被告刘某5认为：本案原告刘某1起诉所述，与本案事实不符，并不能证明自己未对父母亲尽赡养义务，本人于1969年服兵役后，每年都给父母亲寄钱，补贴父母亲及家庭生活之用。涉案房屋建于1972年，当时本被告寄给父母亲200元。1987年从部队转业地方，每月继续给父母亲一些款项，而且父母亲用的家电、生活用品也是本人出款购买。涉案房屋，在1973年本人谈对象时，女方提出有无住房，当时父母表示涉案院落房屋，给我们作为将来结婚住房，自1976年结婚后，一直居住该房，故被告刘某5认为，涉案院落的北房应属于本人所有。父母亲生前存款一直由原告领取管理，在父母亲去世后原告应公开相关款项情况，但原告并未告知被告相关款项，而原告提出继承父亲股权收益款项，不予认可。原告提出涉案房屋为父母亲的遗产，与事实不符，涉案院落东厢房建于1988年，是本人出资购买建房所需材料，由被告刘某6出工所建，对此被告刘某6可以证明，而并非父母亲所建房屋，所以东厢房不能作为父母亲的遗产。本案原告刘某1以父亲刘德良于2012年6月所订立的代书遗嘱，提出继承桃峪口村256号宅基地使用权和院内全部房屋，本被告对涉案代书遗嘱，不予认可。关于对父亲赡养一事，自己是尽到赡养义务，而原告主张并无事实依据，因此不同意原告要求继承涉案宅基地及地上房屋。

被告刘某6认为：原告刘某1以被告对父亲生前不赡养，以及父亲刘德良所立遗嘱一事，主张二被告没有继承父母亲遗产的权利，不予认可。本人与被告刘某5所述案件相关事实一致。

在1971年时，因国家修建桃峪口水库，涉及本村整体搬迁安置，本案256号院及北房形成，系搬迁安置房屋，该房原为父母亲所有。但在被告刘某5谈对象时，父母亲曾说过该房给被告刘某5作为结婚住房，事后被告刘某5结婚后在此居住。当时村里给我们家一个招工指标，父母亲决定给原告刘某1出去当工人，并转为城镇居民。另其工作后很少给父母亲款项。所以原告刘某1不应享有老家院落及房屋的权利；1973年，本人参加村集体劳动，并学徒做瓦工有一定收入，本人收入婚前由父母亲支配。本人结婚单过后，对父母亲日常生活也尽了义务，如看病取药、照顾老人做饭洗衣服、修房子等事情。而原告以本人不尽赡养义务无事实依据。所以被告认为，其对父母亲的遗产享有继承权，关于原告刘某1提出父亲刘德良所立遗嘱一事，不予认可。另外父亲享有的村集体确权股收益，一直由原告刘某4在领取，父亲刘德良去世后自己提出异议，并找到村集体停止原告领取此款，现提出对此款依法继承。

北京市昌平区法院审理查明，刘德良、柏树明相继去世后，留下位于北京市昌平区兴寿镇桃峪口村256号院内有旧北房五间，东厢房三间，未析产，刘德良在世时，因年事已高生活起居不能自理，在此期间主要由原告轮流照顾侍候刘德良的生活起居等。2016年4月22日，刘德良去世。留有诉争房屋和集体确权股权，桃峪口村256号院内北房五间，系1972年前后昌平县建桃峪口水库时，搬迁安置刘德良、柏树明夫妻家庭的房屋，该院内北房为刘德良、柏树明夫妻所有。根据双方当事人陈述院内东厢房三间建于1988年，而被告刘某5辩称建房时，其本人出资并购买部分旧材料，被告刘某6出力建造，但其并未提供有效证据，予以证明该房屋为其所有的事实。原告认为，是父母亲所建，当时父母亲有能力建房，其子女们参与了父母亲的建房，所建房屋由父母亲长期使用。于1994年4月，昌平县村镇宅基地登记审批表，记载涉案院落户主为刘德良。本案双方争议遗嘱，经法院质证认定，案中代书遗嘱与我国继承法关于代书遗嘱相关规定不符法院不予认可。法院认为：本案原告刘某1所提交刘德良订立的代书遗嘱，不具有遗嘱效力。故涉及代书遗嘱的遗产范围，应依据法定继承刘德良、柏树明的全部遗产。对原告提出依据刘德良订立的代书遗嘱继承遗产的诉求，本院不予采纳。根据原被告的家庭经济状况，及该房使用情况，应确认涉案东厢房由父母亲所建，其子女根据各自能力参与家庭建东厢房的事项，应视子女为父母或家庭建房尽帮扶责任，不应由此认为所建房屋归其所有，本院确认桃峪口村256号院内北房五间、厢房三间，系被继承人刘德良、柏树明夫妻去世后的遗产，由继承人依法均等继承。原告并不能证实二被告有丧失继承权的事实，故本院不采纳原告诉称，二被告不享有继承权的意见。关于原告刘某2表示将其应继承遗产的份额，赠与原告刘某1所有，本院对此不予采纳。关于本案诉争的被继承人刘德良股权数额，及每年收益款项，应以北京市昌平区兴寿镇桃峪口村股份经济合作社登记的刘德良确权股和每年股权分红为准，作为刘德良遗产股权，由本案双方当事人共同继承。另根据本案查证的，本案原告刘某2、刘某4、刘某3对父亲刘德良晚年赡养义务较大，在继承刘德良股权分红款适当多继承。

律师点评

1. 本案遗产界定

案中争议的焦点房屋和集体股权确认权，这两种都是我国继承法规定的个人合法财产，房屋是建设在宅基地上的附着物，在我国农村宅基地使用权是不能继承的，但其上方的附着物，房屋是可以继承的，案中遗嘱所称的宅基地使用权是不能继承的，但其在村集体中的股权分红收益作为因使用权取得的财产权利，可以依法继承。

2. 代书遗嘱效力问题

依据我国继承法第十七条的规定："代书遗嘱应当有两个以上见证人在场见证，其中一人代书，证明年、月、日，并由代书人，其他见证人和遗嘱人签名。"该条明确了"代书见证遗嘱"的形式要件有效条件和依据。而本案原告刘某 1、刘某 2、刘某 3、刘某 4 自认，本案遗嘱系由律师根据原告刘某 1 转述遗嘱人刘德良意见代为制作，所以本案的代书遗嘱，从法律形式要件判断，与我国继承法关于代书遗嘱相关规定不符，所以法院认定其不具有遗嘱效力。所以立嘱人在立嘱时一定要充分了解我国遗嘱继承的相关规定。

3. 本案遗产分割

案中的代书遗嘱被法院不予认可，本案自然由遗嘱继承转为法定继承，关于继承份额，同一顺序继承人继承遗产的份额，一般应当均等。对生活有特殊困难的缺乏劳动能力的继承人，分配遗产时，应当予以照顾。对被继承人尽了主要扶养义务或者与被继承人共同生活的继承人，分配遗产时，可以多分。有扶养能力和有扶养条件的继承人，不尽扶养义务的，分配遗产时，应当不分或者少分。继承人协商同意的，也可以不均等。本案中，法院在进行遗产分配时尽可能考虑到平息双方当事人的矛盾和双方在照顾老人方面所做贡献，进行财产分配。

法律依据

《中华人民共和国继承法》

第三条 遗产是公民死亡时遗留的个人合法财产，包括：

（一）公民的收入；

（二）公民的房屋、储蓄和生活用品；

（三）公民的林木、牲畜和家禽；

（四）公民的文物、图书资料；

（五）法律允许公民所有的生产资料；

（六）公民的著作权、专利权中的财产权利；

（七）公民的其他合法财产。

第五条 继承开始后，按照法定继承办理；有遗嘱的，按照遗嘱继承或者遗赠办理；有遗赠扶养协议的，按照协议办理。

第七条 继承人有下列行为之一的，丧失继承权：

（一）故意杀害被继承人的；

（二）为争夺遗产而杀害其他继承人的；

（三）遗弃被继承人的，或者虐待被继承人情节严重的；

（四）伪造、篡改或者销毁遗嘱，情节严重的。

第十条 遗产按照下列顺序继承：

第一顺序：配偶、子女、父母。

第二顺序：兄弟姐妹、祖父母、外祖父母。

继承开始后，由第一顺序继承人继承，第二顺序继承人不继承。没有第一顺序继承人继承的，由第二顺序继承人继承。

本法所说的子女，包括婚生子女、非婚生子女、养子女和有扶养关系的继子女。

本法所说的父母，包括生父母、养父母和有扶养关系的继父母。

本法所说的兄弟姐妹，包括同父母的兄弟姐妹、同父异母或者同母异父的兄弟姐妹、养兄弟姐妹、有扶养关系的继兄弟姐妹。

第十三条 同一顺序继承人继承遗产的份额，一般应当均等。

对生活有特殊困难的缺乏劳动能力的继承人，分配遗产时，应当予以照顾。

对被继承人尽了主要扶养义务或者与被继承人共同生活的继承人，分配遗产时，可以多分。

有扶养能力和有扶养条件的继承人，不尽扶养义务的，分配遗产时，应当不分或者少分。

继承人协商同意的，也可以不均等。

第十七条 公证遗嘱由遗嘱人经公证机关办理。

自书遗嘱由遗嘱人亲笔书写，签名，注明年、月、日。

代书遗嘱应当有两个以上见证人在场见证，由其中一人代书，注明年、月、日，并由代书人、其他见证人和遗嘱人签名。

以录音形式立的遗嘱，应当有两个以上见证人在场见证。

遗嘱人在危急情况下，可以立口头遗嘱。口头遗嘱应当有两个以上见证人在场见证。危急情况解除后，遗嘱人能够用书面或者录音形式立遗嘱的，所立的口头遗嘱无效。

第二十五条 继承开始后，继承人放弃继承的，应当在遗产处理前，作出放弃继承的表示。没有表示的，视为接受继承。

受遗赠人应当在知道受遗赠后两个月内，作出接受或者放弃受遗赠的表示。到期没有表示的，视为放弃受遗赠。

第二十七条 有下列情形之一的，遗产中的有关部分按照法定继承办理：

（一）遗嘱继承人放弃继承或者受遗赠人放弃受遗赠的；

（二）遗嘱继承人丧失继承权的；

（三）遗嘱继承人、受遗赠人先于遗嘱人死亡的；

（四）遗嘱无效部分所涉及的遗产；

（五）遗嘱未处分的遗产。

业委会篇

第九章　业主权利与物业纠纷

一、业主大会作出的决议违法，业主却为何无法维权?

典型案例

2016年7月8日，北京市昌平区北七家镇社区服务中心向海德堡小区业委会发函出具指导意见，建议业委会近期广泛征求业主意见，制定业主大会工作方案，做好业主大会召开的前期准备工作，并建议在本次业主大会上将业委会成员补齐并完成更换。2016年9月7日，海德堡小区业委会召开业委会会议，镇社区服务中心、社区党支部、八仙居委会部分人员列席会议。形成三项决议内容：1. 于近期召开业主大会临时会议；2. 成立业主大会临时会议筹备组（筹备组由11人组成，以居委会、业委会、社区志愿者，以自荐或推荐的方式报名，由业委会以少数服从多数的原则确认）；3. 临时业主大会的全过程受镇社区服务中心、八仙别墅社区党支部、八仙居委会的监督指导。2016年10月14日，筹备组发布《关于召开海德堡花园小区临时业主大会的公告（20161014）》，称经筹备组讨论决定，于2016年10月29日以书面表决方式召开业主大会，表决议题有三项，包括：1. 同意今年海德堡小区引入京能热源，并根据各供暖服务公司作出的供热服务合同及服务承诺书，由业主大会选定一家聘为本小区供暖服务的第三方；2. 鉴于热源的改变及第三方服务公司须经业主大会确定，原《海德堡花园小区供热煤改气及老旧管网改造项目委托合同》《海德堡花园小区供热服务合同》无法履行，予以解除；3. 重新选举新一届业委会委员。2016年

11月1日，筹备组发布《海德堡花园小区业主大会临时会议书面表决结果公告（20161101）》，称本小区于2016年10月29日采用书面表决方式召开了业主大会临时会议，经验票、监票、唱票和计票，通过了前述三项议题。本案原告王某认为，由于业主大会召开程序和结果的非法性，决议的内容直接造成了海德堡小区业委会瘫痪，小区业主矛盾对立升级，直接并影响了小区供暖的安全和稳定，2016年10月召开的海德堡小区临时业主大会系由八仙居委会召集组织，故以八仙居委会为被告提起业主撤销权诉讼，要求撤销海德堡小区临时业主大会所形成的决议。

原告王某认为：在2016年9月28日成立的临时业主大会筹备组中，八仙居委会主任刘×中、副主任祁×强被确认为筹备组成员，但海德堡小区业委会的委员均未被列入筹备组。按照《北京市住宅区业主大会和业主委员会指导规则》和《海德堡花园小区业主大会议事规则》的规定，八仙居委会和海德堡小区业委会均无权直接决定召开业主大会临时会议，并且按照《指导规则》和《议事规则》的规定，筹备组无权确定业主大会的议题议案。同时，筹备组在投票环节采取拦截业主、上门收票的方式绑架业主意愿，而开票和计票环节没有业主和北七家镇政府社区服务中心的监督，开票地点也没有在海德堡小区范围内，缺乏业主的监督，造成公示的业主投票结果中存在大量投票不真实的情况，而筹备组对业主提出重新验票的要求置之不理。筹备组不按《北京市住宅区业主大会和业主委员会指导规则》和《海德堡花园小区业主大会议事规则》的规定组织召开小区业主大会议案，非法解散业委会和更换供暖单位的做法严重侵犯了原告作为业主的合法权益。

被告认为：1. 原告所诉主体错误，被告主体不适格。原告主张海德堡小区临时业主筹备组召集的临时业主大会无效并撤销业主大会决议，但该临时业主大会系海德堡小区全体业主召集，该决议系海德堡小区全体业主表决形成的大会决议，与被告不存在任何关系。2. 我方并没有“非法组织业主大会”，组织业主大会不是我方的权利、更不是我方的义务，我方没有任何权利和义务去组织业主大会。业主大会的召开程序是严格按照小区议事规则，政府指导意见和物业管理条例进行的，全部程序都是公开透明的，所有的决议、决定、通知和告示、声明，都是在小区进行公示，广而告之的，投票、开票、唱票、计票和验票，也是公开的，并且是欢迎广大业主参与监督的。原告起诉书中所言拦截、欺骗、恐吓、利诱等手段绑架业主意愿，以及缺乏业主监督，和存在大量投票不真实情况的不实之说，应不予采信。3. 原告提到海德堡小区业委会的委员均未被列入筹备组，9 月 7 日业委会决议中都明确提出 9 月 8 日筹备组的通知和以居委会、业委会、社区志愿者以推荐和自荐的方式报名，业委会以少数服从多数的原则确认，未列其中的原因，是因原业委会委员中无一人报名而形成的。4. 原告诉状中所述是由于业主大会所作出的决议，直接造成了海德堡小区业委会的瘫痪，使小区业主矛盾对立升级，而直接影响小区的供暖安全和稳定。此言不实，在 20% 业主联名会签的提议书中明确提出是因部分委员违反议事规则，不能依法履职直接损害了全体业主利益，致使小区事务混乱，鉴于小区现业委会和监事会，长期处于瘫痪状态，根本无法履行其正常职责，而目前小区面临着煤改气的许多关系到业主切身利益的重大决定，急需有一个可以正常工作的业委会，业主要求立即解散现小区业委会和监事会，并召开业主大会，重新选举产生，业主签名。原告这种颠倒时间顺序将原业委会的不作为而形成的后果，归于业主大会决议的说法，法院应不予采信。

在业主大会决议并未侵害到原告个人利益和权益的情况下，要求撤销全体业主大会的决议，是不妥当的。

法院审理查明，原告王某系海德堡小区业主，亦是原海德堡小区业委会主任。原告王某认为，2016 年 10 月召开的海德堡小区临时业主大会系由八仙居委会召集组织，不符合法定程序，2016 年 10 月 29 日做出的三项决议，侵害了业主的权利。法院认为：在民事诉讼中，上述当事人的合法权益应指人身权、财产权等平等主体间的具体民事权益。同时，在业主撤销权诉讼中，业主应举证证明自己的合法民事权益受到了业主大会或业主委员会所做决议的侵害，这种权益的侵害应是明确具体和个体化的，而不应该是模糊抽象和概括性的。本案中，王某起诉要求撤销的是海德堡小区临时业主大会作出的决议，但其以八仙居委会为被告没有法律依据。同时王某也未能举证证明其个人合法的民事权益受到了临时业主大会决议的侵害，因此，其要求确认海德堡小区临时业主大会筹备组召集的临时业主大会无效及撤销《海德堡花园小区业主大会临时会议书面表决结果公告（20161101）》所形成的业主大会决议的诉讼请求，没有事实和法律依据，本院不予支持。

律师点评

1. 本案被告是否具有诉讼主体资格

这个问题要分具体情况来判断，不能简单地说有还是没有。民事诉讼法中规定，公民、法人和其他组织可以作为民事诉讼的当事人。其他组织即常说的“非法人团体”，其他组织是指合法成立、有一定的组织机构和财产，但又不具备法人资格的组织。然而，业主委员会显然不是机关、事业单位或者法人，也不是“其他组织”，更不是经法律授权的群众性自治组织，只是业主大会的常设性执行机构，它不具备民事主体资格条件，不能成为独立的民事主体。但我国现行法律法规中又规定了业主委员会可以作原、被告的例外情况，物权法第八十三条第二款规定，业主大会和业主委员会，对任意弃置垃圾等损害他人合法权益的行为，有权依照法律、法规以及管理规约，要求行为人停止侵害、消除危险、排除妨害、赔偿损失。物权法第七十八条第二款规定，业主大会或者业主委员会作出的决定侵害业主合法权益的，受侵害的业主可以请求人民法院予以撤销。这是现行法律第一次赋予业委会民事诉讼能力，而且将其范围扩大到了物业管理之内部事务方面，本案中只要原告认为，业主大会或者业委会做出的决定侵害了自己的合法权益，不论最后侵权结果是否认定成立，业主大会或业委会均可以成为适格被告。

2. 业主的撤销权

业主撤销权是指业主大会或者业主委员会作出的决定侵害业主合法权益，受侵害的业主可以请求人民法院予以撤销。但在业主撤销权诉讼中，业主应举证证明自己明确具体合法民事权益受到了业主大会或业主委员会所做决议的侵害，比如业主个人在小区内的某项物权因业主大会或业主委员会的决议受到侵害，业主可以提起撤销权诉讼，但如果业主仅是抽象地提出业主大会或业主委员会的决议侵害了业主参与社区治理与管理的权利，则非民事撤销权诉讼所规范的范畴。

本案中，王某起诉要求撤销的是海德堡小区临时业主大会作出的决议，但其以八仙居委会为被告，选错了被告主体，同时王某也未能举证证明其个人合法的民事权益受到了临时业主大会决议的侵害，因此，其要求确认海德堡小区临时业主大会筹备组召集的临时业主大会无效及撤销《海德堡花园小区业主大会临时会议书面表决结果公告（20161101）》所形成的业主大会决议的诉讼请求，难以获得法院的认可。

法律依据

《中华人民共和国物权法》

第七十八条 业主大会或者业主委员会的决定，对业主具有约束力。

业主大会或者业主委员会作出的决定侵害业主合法权益的，受侵害的业主可以请求人民法院予以撤销。

第八十三条 业主应当遵守法律、法规以及管理规约。

业主大会和业主委员会，对任意弃置垃圾、排放污染物或者噪声、违反规定饲养动物、违章搭建、侵占通道、拒付物业费等损害他人合法权益的行为，有权依照法律、法规以及管理规约，要求行为人停止侵害、消除危险、排除妨害、赔偿损失。业主对侵害自己合法权益的行为，可以依法向人民法院提起诉讼。

《中华人民共和国民事诉讼法》

第六十四条 当事人对自己提出的主张，有责任提供证据。

当事人及其诉讼代理人因客观原因不能自行收集的证据，或者人民法院认为审理案件需要的证据，人民法院应当调查收集。

人民法院应当按照法定程序，全面地、客观地审查核实证据。

二、自家院子盖房种树反成被告，业主的权利以不侵犯他人权益为限

典型案例

家住北京昌平区金隅万科创新园小区×栋××单元一楼的宋某云（被告）有个向南的小院子，宋某云从年轻时就喜欢植物，平时也种花养草，为此2011

年春季专门买了位于金隅万科创新园小区的一层带院的房子，就是为了满足自己在院子里种花草的田园梦。2011年6月，宋某云在其客厅南侧落地门外紧邻邻居刘某（原告）家二楼客厅窗外的楼板位置建一门廊，该门廊顶部长约2米、宽约1米。该门廊建成后，门廊上部距离刘某家窗子约为60厘米，同时，宋某云在其所建门廊西侧地下室（上部无顶）栽种一棵乔冠花木，该花木顶部已经长到超过刘某家主卧室窗台。宋某云家院子里的自建门廊有着严重的安全隐患，并且因为楼上丢弃的垃圾淤积在门顶上，肮脏不堪、臭气熏天、滋养蚊虫，严重地影响了刘某一家人的正常生活，宋某云私自栽种的高大树木一到春夏季节，枝繁叶茂，遮挡了刘某一家的房屋采光，因考虑到双方是楼上楼下邻居刘某便一直找宋某云协商，希望双方和气解决此事，但双方一再发生争执，一直未能达成协议。为此，刘某起诉至法院，请求尽快解决这一问题。

原告认为：原告与被告宋某云是邻居，系相邻关系，原告住昌平金隅万科城创新园，被告宋某云住在原告的楼下。2011年春，原告入住金隅万科。2011年6月左右，被告宋某云不顾原告当时当场的激烈反对，在自家院内、紧邻原告客厅窗户下约60cm高处搭建钢筋和玻璃结构的门顶和门廊（长约2米、宽约1米、高约2.2米）。同时，在我家主卧室窗下私自栽植了一棵高大树木。

被告宋某云的行为，不仅严重违反了"不得擅自改变楼面结构和外饰"的物业管理合同，而且对被告一家造成了严重的安全隐患：一是任何人通过被告宋某云院墙东边的过道，便可轻而易举地爬上被告的门顶，继而入侵到被告家客厅之中；二是遇到雨雪天气，门顶上淤积的雨水长时间侵蚀楼体和空调，威胁被告的居住安全；三是楼上扔下的垃圾长年累月地淤积在门顶上，浊臭无比，招蚊引蝇，严重影响了被告一家人的身心健康和正常生活起居。此外，被告宋某云私自栽植的高大树木不仅招引蚊虫，污染被告家的生活环境，最重要的是遮挡了主卧室的阳光，侵害了被告家的采光权。在被告将侵害事实告知被告物业公司后，物业公司不但允许其将搭建门顶门廊的建筑材料和高大树木运进小区，还放任其召集的几十名施工人员自由出入，被告多次向物业公司投诉，物业公司却一直未采取有效措施，直至被告宋某云将树栽上，并将门顶门廊建成。从侵权事实发生到至今，被告的安全居住权一直受到严重侵犯，一年四季都不敢开窗通风。其间原告与被告宋某云曾多次协商并发生纠纷，两次惊动110处理。警方到场处理后，明确支持我要求拆除违章建筑的权利主张，并表态支持我不应再支付物业费。综上所述，被告宋某云违反建委等相关部门的规定私搭乱建，并违反了万科物业管理合同的约定，改变了楼体的外部装饰结构，严重侵犯了我的居住安全，致使我的合法权益受到损害，理应按照民事法律的相关规定，排除侵害、恢复原状。被告万科物业在明知被告违反规定的情况下没有按照物业管理合同的规定履行合同主义务，对侵权事实的发生应当承担相应的法律责任，对本案诉讼结果应当承担相应法律责任。

被告宋某云认为：原告刘某所述不是事实。原告所依据的理由是违反了建委的相关规定。原告所诉属于行政法律关系，不是民事法律关系，不属于民事案件受理范围。如果违反了与物业公司的物业服务合同，则属于原告与物业公司的纠纷，与我没有任何法律关系。

被告物业公司认为：一、我公司在业主入住时，通过签订临时管理规约告知业主禁止在园区违章搭建。二、我公司不定期在小区进行禁止违章搭建的宣传。三、我公司对于被告宋某云的违章搭建行为进行了劝止、上报。四、我公司对于被告宋某云因违章搭建产生的纠纷进行了协调。综上所述，我公司对于第一被告的行为已经采取了相关告知、劝止、上报的义务，尽到了我公司最大的保障权利。

北京市昌平区法院经审理查明，刘某与宋某云系金隅万科创新园小区上、下楼邻居关系，刘某居住二楼，宋某云居住一楼。宋某云一楼南侧客厅门外有一小院。2011 年 6 月，宋某云未经相关部门批准，也未征得刘某的同意，便在其客厅南侧落地门外紧邻刘某二楼客厅窗外的楼板位置建一门廊，该门廊顶部长约 2 米、宽约 1 米。该门廊建成后，门廊上部距离刘某家窗子约为 60 厘米。从宋某云家的小院很容易登上宋某云家的门廊窥看刘某家客厅。另查，宋某云在建门廊的同时，宋某云在其所建门廊西侧地下室（上部无顶）栽种一棵乔冠花木，该花木顶部已经长到超过刘某家主卧室窗台。上述事实，有商品房预售合同、物业服务合同、金隅万科城临时管理规约、照片等证据、双方当事人陈述在案佐证。法院认为：不动产的相邻权利人应当按照有利生产、方便生活、团结互助、公平合理的原则，正确处理相邻关系。宋某云未经相关部门批准，又未征得楼上邻居刘某的同意，擅自建设门廊，建设门廊后，对于其小院与二楼连接处未做安全防范措施，导致刘某家居住的二楼存在安全隐患，是产生矛盾的主要原因。现刘某要求宋某云拆除门廊，恢复原状，因宋某云所建门廊对刘某家产生安全隐患，刘某的请求符合法律规定，法院予以支持。关于刘某要求宋某云拔除私自栽植的树木，恢复原状一节，该花木树目前已经长到刘某家窗外，并对原告刘某一家人的日常生活造成影响，所以对于超过二楼楼板的部分，刘某可以要求宋某云剪掉，但二楼楼板高度以下部分对刘某未构成影响，故对于刘某要求拔除私自栽植的树木的请求不予支持。关于刘某要求物业公司采取措施保障原告的居住安全一节，因本案案由为相邻关系纠纷，非物业合同纠纷，刘某在本案主张该权利没有依据，法院不予支持。

律师点评

1. 本案性质

本案争议的核心是被告宋某云是否侵犯了原告刘某主张的采光权、安全居住权等一系列产生于房屋土地建筑的相邻权，相邻权不是独立的物权，只是对所有权的一种限制，属于所有权的范畴。相邻权是指两个或两个以上相互毗邻的不动产所有人或使用人之间，一方行使所有权或使用权时，享有要求另一方提供便利或接受限制的权利。那么相邻权主体是相邻不动产的所有人或使用人。

原告刘某与被告宋某云之间的案由也就是相邻关系纠纷，相邻关系，是指两个或两个以上相互毗邻的不动产的所有人或使用人，在行使不动产的所有权或使用权时，因相邻各方应当给予便利和接受限制而发生的权利义务关系，根据物权法的相关规定，不动产的相邻权利人应当按照有利生产、方便生活、团结互助、公平合理的原则，正确处理相邻关系；不动产权利人对相邻权利人因通行等必须利用其土地的，应当提供必要的便利；建造建筑物，不得违反国家有关工程建设标准，妨碍相邻建筑物的通风、采光和日照；不动产权利人因用水、排水、通行、铺设管线等利用相邻不动产的，应当尽量避免对相邻的不动产权利人造成损害；造成损害的，应当给予赔偿。本案中，被告宋某云因私自建造门廊和栽种高大树木，影响了原告一家人的安居生活和日常采光，法院处理相邻关系纠纷时，考虑到被告宋某云并没有对原告刘某造成实际的财产损失，作出了充分考虑双方当事人实际情况的判决，兼顾了各方的利益，使纠纷得以妥善解决。

2. 对于实际生活中的启示

现实生活中，邻里之间的关系相处一直是人们生活中的一个大问题，因为一些细小琐事、微小矛盾，最后对簿公堂的比比皆是，往往是因一方在行使不动产权利的过程中需要扩张权利，过度使用自己的权利而侵害了对方，导致了一系列矛盾的产生。因此读者应注意，作为楼房社区或者农村宅基地生活中的我们，逃避不了的便是在行使某些自己认为合法的权利时，稍不注意，便会侵犯到周围邻居受保护的合法权益，这是值得大家注意的。

法律依据

《中华人民共和国物权法》

第八十四条 不动产的相邻权利人应当按照有利生产、方便生活、团结互助、公平合理的原则，正确处理相邻关系。

第八十五条 法律、法规对处理相邻关系有规定的，依照其规定；法律、法规没有规定的，可以按照当地习惯。

第八十六条 不动产权利人应当为相邻权利人用水、排水提供必要的便利。

对自然流水的利用，应当在不动产的相邻权利人之间合理分配。对自然流水的排放，应当尊重自然流向。

第八十七条 不动产权利人对相邻权利人因通行等必须利用其土地的，应当提供必要的便利。

第八十九条 建造建筑物，不得违反国家有关工程建设标准，妨碍相邻建筑物的通风、采光和日照。

第九十一条 不动产权利人挖掘土地、建造建筑物、铺设管线以及安装设备等，不得危及相邻不动产的安全。

第九十二条 不动产权利人因用水、排水、通行、铺设管线等利用相邻不动产的，应当尽量避免对相邻的不动产权利人造成损害；造成损害的，应当给予赔偿。

《中华人民共和国民事诉讼法》

第六十四条 当事人对自己提出的主张，有责任提供证据。

当事人及其诉讼代理人因客观原因不能自行收集的证据，或者人民法院认为审理案件需要的证据，人民法院应当调查收集。

人民法院应当按照法定程序，全面地、客观地审查核实证据。

《最高人民法院关于审理物业服务纠纷案件具体应用法律若干问题的解释》

第四条 业主违反物业服务合同或者法律、法规、管理规约，实施妨害物业服务与管理的行为，物业服务企业请求业主承担恢复原状、停止侵害、排除妨害等相应民事责任的，人民法院应予支持。

三、物业服务不到位，业主拒不支付物业费

典型案例

家住北京市丰台区金兰家园×号楼×单元××××室的孙某，发现自2012年开始，被告兰博国际物业管理有限公司（以下简称兰博公司）没有按照合同的约定履行物业管理与服务。小区卫生环境差，垃圾随处乱放，仅有的几十平方米的绿地也被业主随意破坏，物业公司根本不进行日常管理维护，冬季供暖的暖气温度不达标，跟物业提出多次也不管维修，而且物业公司挪用公共维修基金，物业公司根本没有提供服务，因此孙某自2013年1月开始一直拒绝向兰博公司支付物业服务费，兰博公司在孙某拒付物业管理费用期间，多次向孙某催缴，但孙某拒绝支付，兰博公司于2017年将孙某告上法庭。

原告认为：原告和被告于2007年1月12日签订了《物业管理服务合同》，合同约定：原告就被告购买的金兰家园×号楼×单元××××室房产提供物业管理服务，被告就此支付管理服务费用。原告按照约定为被告提供了物业服务，但被告自2013年1月1日至2016年7月17日，一直拒绝缴纳物业费，共计6331.10元，按照《物业管理服务合同》的约定，滞纳金为904.65元。原告多次协商催收未果，现起诉至丰台区人民法院。

被告认为：被告确实没有交纳2013年1月1日至2016年7月17日的物业服务费，但是有原因的：一是小区卫生环境差，垃圾随处乱放，仅有的几十平方米的绿地也被业主随意破坏，物业公司根本不进行日常管理维护；二是被告没有接到任何的缴费明细和电话催缴物业费；三是我们暖气温度不达标，被告

跟物业提出多次也不管维修；四是物业公司挪用公共维修基金，物业公司没有提供服务为什么还让我们缴费；五是原告提供的物业合同根本不是被告的签字，业委会说物业冒充业主签字。我自2013年1月1日开始拒绝支付物业管理费用，兰博公司2017年才起诉，早已经超过了诉讼时效。

北京市丰台区法院经审理查明，位于北京市丰台区金兰家园×号楼×单元××××室房屋建筑面积65.25平方米，房屋产权人为孙某，物业管理费收取标准为建筑面积2.2元/平方米/月。被告未交纳2013年1月1日至2016年7月17日物业管理费。法院认为：对于原告和被告无争议的事实，法院予以确认。虽然被告提出原告提供的服务存在不完善问题，但不能否定原告已履行主要物业管理服务义务的事实，被告亦实际享受了原告提供的物业管理服务，故被告应当支付物业管理费，本院对原告的该项诉讼请求予以支持。鉴于原告提供的物业服务存在瑕疵，故本院对被告应交纳物业费进行酌减，对于原告的其他诉讼请求本院不予支持。被告提出原告诉讼已经超过时效的抗辩，理由不充分，本院不予支持。被告称原告盗用公共维修基金，因与本案并非同一法律关系，本案不处理。被告提出关于暖气温度不达标的辩解，系另一法律关系，本案不处理。

综上所述，依照《中华人民共和国合同法》第六十条、第一百零七条，《中华人民共和国民事诉讼法》第一百六十二条之规定，判决如下：

一、被告孙某于本判决生效之日起七日内给付原告北京兰博国际物业管理有限公司二〇一三年一月一日至二〇一六年七月十七日物业管理费共计5497元；

二、驳回原告北京兰博国际物业管理有限公司其他诉讼请求。

如果未按本判决指定的期间履行给付金钱义务，应当依照《中华人民共和国民事诉讼法》第二百五十三条规定，加倍支付迟延履行期间的债务利息。

案件受理费50元，由被告孙某负担（于本判决生效之日起七日内交纳）。

本判决为终审判决。

律师点评

1. 本案性质

原告北京兰博国际物业管理有限公司（以下简称兰博公司）与被告孙某签

订了《物业管理服务合同》，兰博公司给孙某提供物业服务，孙某支付给兰博公司提供物业服务的费用，双方因合同履行质量问题产生矛盾，最终引发了一起物业服务合同纠纷。

2. 争议焦点阐述

本案争议的是，孙某与兰博公司签订物业服务合同后，认为兰博公司的物业服务质量严重不符合合同应达到的标准，便拒绝支付物业费用。物业管理合同服务质量纠纷，是指因物业管理企业提供的物业管理服务不符合物业管理行业规范或不符合约定的服务标准，而引起的物业管理纠纷。如，物业管理区域内公共设施设备不能正常使用或不能及时维护修理使其处于正常使用状态，日常环境卫生差，绿化不能及时维护管理，区域内公共秩序混乱、交通道路不畅，安全防范不力消防救灾不及时等。

3. 业主对服务费交纳的抗辩权

物业服务费用是业主与物业服务公司签订物业服务合同后，双方根据约定，完成各自的权利义务，业主方支付给物业服务公司的相关费用，所以，物业服务合同是民事合同的一种。作为物业服务公司应按照合同约定提供建筑物环境卫生清洁等服务，业主应按照合同约定支付物业服务费用，双方权利义务是对等的。而业主在物业管理服务公司未能履行服务、管理或者履行的服务严重不符合约定时，根据《中华人民共和国合同法》《最高人民法院关于审理物业服务纠纷案件具体应用法律若干问题的解释》《物业管理条例》的相关规定，针对物业服务公司未尽职责方面行使抗辩权，拒绝履行部分物业服务费用，而不能全部拒交，这也是法院在认定相似案件时的通常思路。

物业管理纠纷经常会发生竞合，由于属于不同的诉因，在诉讼中的当事人举证责任内容、证明对象、管辖以及适用法律等都有所不同，是按合同之诉还是按侵权之诉依法应由当事人选择。但当事人一旦选择以其中一种诉因提起诉讼，则不能再以另一种诉因提起诉讼。

法律依据

《中华人民共和国合同法》

第六十条 当事人应当按照约定全面履行自己的义务。

当事人应当遵循诚实信用原则，根据合同的性质、目的和交易习惯履行通知、协助、保密等义务。

第六十一条 合同生效后，当事人就质量、价款或者报酬、履行地点等内容没有约定或者约定不明确的，可以协议补充；不能达成补充协议的，按照合同有关条款或者交易习惯确定。

第一百零七条 当事人一方不履行合同义务或者履行合同义务不符合约定的，应当承担继续履行、采取补救措施或者赔偿损失等违约责任。

第一百一十一条 质量不符合约定的，应当按照当事人的约定承担违约责任。对违约责任没有约定或者约定不明确，依照本法第六十一条的规定仍不能确定的，受损害方根据标的的性质以及损失的大小，可以合理选择要求对方承担修理、更换、重作、退货、减少价款或者报酬等违约责任。

《中华人民共和国民事诉讼法》

第一百六十二条 基层人民法院和它派出的法庭审理符合本法第一百五十七条第一款规定的简单的民事案件，标的额为各省、自治区、直辖市上年度就业人员年平均工资百分之三十以下的，实行一审终审。

第二百五十三条 被执行人未按判决、裁定和其他法律文书指定的期间履行给付金钱义务的，应当加倍支付迟延履行期间的债务利息。被执行人未按判决、裁定和其他法律文书指定的期间履行其他义务的，应当支付迟延履行金。

《物业管理条例》

第七条 业主在物业管理活动中，履行下列义务：

（一）遵守管理规约、业主大会议事规则；

（二）遵守物业管理区域内物业共用部位和共用设施设备的使用、公共秩序和环境卫生的维护等方面的规章制度；

（三）执行业主大会的决定和业主大会授权业主委员会作出的决定；

（四）按照国家有关规定交纳专项维修资金；

（五）按时交纳物业服务费用；

（六）法律、法规规定的其他义务。

第四十一条 业主应当根据物业服务合同的约定交纳物业服务费用。业主与物业使用人约定由物业使用人交纳物业服务费用的，从其约定，业主负连带交纳责任。

已竣工但尚未出售或者尚未交给物业买受人的物业，物业服务费用由建设单位交纳。

《最高人民法院关于审理物业服务纠纷案件具体应用法律若干问题的解释》

第三条 物业服务企业不履行或者不完全履行物业服务合同约定的或者法律、法规规定以及相关行业规范确定的维修、养护、管理和维护义务，业主请求物业服务企业承担继续履行、采取补救措施或者赔偿损失等违约责任的，人民法院应予支持。

物业服务企业公开作出的服务承诺及制定的服务细则，应当认定为物业服务合同的组成部分。

第六条 经书面催交，业主无正当理由拒绝交纳或者在催告的合理期限内仍未交纳物业费，物业服务企业请求业主支付物业费的，人民法院应予支持。物业服务企业已经按照合同约定以及相关规定提供服务，业主仅以未享受或者无需接受相关物业服务为抗辩理由的，人民法院不予支持。

四、实际物业服务公司，能否起诉物业使用业主?

典型案例

2010年6月9日，丁某风与北京真诚房地产开发有限公司签订了《商品房现房买卖合同》，购买了位于北京市密云县×路×号×区×号房屋。根据该合同第21条的物业服务约定：由北京京山培林物业管理有限公司（以下简称京山培林公司）为丁某风提供物业管理服务，丁某风按照每月每平方米（建筑平方米）6.9元的价格向其支付物业服务费用，物业服务费用按年缴纳，丁某风应当在每年的6月1日前缴纳。2010年6月1日，丁某风办理了房屋入住手续。2010年9月北京豪华缤纷物业管理有限公司（以下简称豪华缤纷公司）接受真诚房地产开发公司及前期物业京山培林公司委托进行物业管理，签订了物业管理委托合同。但是，丁某风入住房屋后，并未按照双方合同及业主临时公约规定的期限支付物业服务费，且长期拖欠应缴物业服务费，为此，原告特提起诉讼，要求被告支付拖欠2011年6月1日至2014年5月31日期间物业费用共计96808.64元并承担诉讼费。

原告认为：2010年6月9日，被告丁某风与北京真诚房地产开发有限公司签订了《商品房现房买卖合同》，购买了位于北京市密云县×路×号×区×号房屋。根据该合同第 21 条的物业服务约定：由前物业公司京山培林公司为丁某风提供物业管理服务，但后我方公司接受了真诚房地产开发公司及前期物业京山培林公司委托进行物业管理。2010 年 6 月 1 日，被告丁某风办理了房屋入住手续。但是，丁某风入住房屋后，并未按照双方合同及业主临时公约规定的期限支付物业服务费，且长期拖欠应缴物业服务费，给我方造成重大经济损失，为此，提起诉讼，要求被告丁某风支付拖欠的期间物业费用。

被告认为：我与开发商签订的商品房买卖合同中的物业服务条款是无效的，原告豪华缤纷不是我在买卖合同中约定的物业服务公司，并且豪华缤纷公司未提供合格的物业服务，提供的服务质价不相符，我是有权拒付不合理的物业费的，豪华缤纷公司从未向我发过追缴物业的书面通知，没有主张过权利，也已超过诉讼时效。

北京市密云区法院审理查明，2010 年 6 月 1 日，被告丁某风与北京真诚房地产开发有限公司签订了《商品房现房买卖合同》，购买了位于密云县 × 路 × 号 × 区 × 号房屋，该房屋位于北京 × 山庄，建筑面积 389.73 平方米。根据该《商品房现房买卖合同》的相关规定，出卖人北京真诚房地产开发有限公司选聘京山培林公司为业主丁某风提供物业服务，物业服务收费价格为每月每平方米（建筑平方米）6.9 元，物业服务费用按年缴纳，业主应当在每年的 6 月 1 日前缴纳，业主逾期缴纳物业管理费的应当向物业管理企业缴纳违约金，违约金自该款项应付期限届满之日起以应缴纳的费用总额的千分之二按日计算。2010 年 6 月 1 日，被告丁某风办理入住上述房屋的手续，北京真诚房地产开发有限公司将北京 × 山庄物业服务事宜交由原告豪华缤纷公司管理。原告豪华缤纷公司成为北京 × 山庄的实际物业服务企业，但并未与被告丁某风签订书面的物业服务合同。从 2010 年 6 月 1 日至今，原告豪华缤纷公司一直为被告丁某风提供物业服务，被告丁某风亦已缴纳 2010 年 6 月 1 日至 2011 年 5 月 31 日年度的物业费。因被告丁某风未缴纳 2011 年 6 月 1 日至 2014 年 5 月 31 日期间的物业费 96808.64 元及延期支付物业费用所产生的违约金 139404.85 元，现原告豪华缤纷公司诉至法院要求被告丁某风给付拖欠的物业费共计 96808.64 元及违约金 139404.85 元。

法院经审理认为：合同当事人应按合同约定全面履行自己的义务。原告是为北京×山庄提供物业服务的企业，被告是北京×山庄的业主，原、被告之间形成了实际上的物业服务合同关系。被告请求依法确认商品房买卖合同中的物业服务条款无效的主张，因原、被告双方实际上存在的物业服务合同关系并不存在法定的无效事由，故对该辩解意见不予采纳。现原告为被告提供了物业服务，被告作为物业管理服务的受益人理应支付相应数额的物业费，以便原告对小区进行管理、服务。本案中，从被告提供的证据来看，尚不足以证明原告提供的物业服务存在严重问题并足以导致减免物业费，故原告要求被告给付物业费的诉讼请求，理由正当充分，本院予以支持。被告主张原告要求给付物业费的诉讼请求已超过诉讼时效的辩解，因原、被告之间在诉讼时效期间内就物业服务及物业费缴纳等问题进行过协商且原告提供的物业服务系持续性服务，被告并无证据证明原告怠于行使其权利，故对该辩解意见不予采纳。鉴于原、被告之间形成了实际上的物业服务合同关系，原告作为物业管理单位，今后应多与业主沟通，加强物业管理，进一步提高服务水平，为小区的和谐建设作出更多的努力。

律师点评

1. 本案双方当事人主体地位是否适格

丁某风系诉争房产的所有人和使用人，且缴纳过相关费用。根据物业管理委托合同约定及《物业管理条例》规定，物业所有人和使用人负有物业管理费及政府规定应缴其他费用义务，逾期未缴纳，应承担相应违约责任。丁某风现未缴纳物业管理费及其他费用，系适格被告。北京豪华缤纷物业管理有限公司（以下简称豪华缤纷公司）是诉争房屋所在小区的实际物业服务公司，也为本案被告丁某风提供了实际的物业服务，丁某风也享受了物业服务，从未明确表示拒绝接受其物业服务的意向，物业管理委托合同约定，物业公司系接受开发公司和前期物业服务企业委托，对本案所涉物业提供物业管理服务。不论是《物业管理条例》均规定开发建设单位在业主委员会成立之前，或业主、业主委员会选聘物业服务企业之前，有权委托物业管理企业实行物业管理，也并未规定开发建设单位在出售房产之后无权将房产项下物业管理另行委托。现开发公司将物业委托物业公司进行管理，并未违反法律规定。本案物业管理委托合同应认定有效。物业公司接受委托后，依约对物业进行了物业管理，业主及物业使用人亦享受了物业公司提供的物业服务，物业公司与丁某风之间的物业服务合同关系有效成立，物业公司系本案适格原告。

2. 履行的瑕疵，是否构成拒交物业管理费的正当理由

物业服务公司或者实际物业服务公司已依约及相关规定提供服务，业主仅以未享受或无需接受相关服务为抗辩理由的，不构成正当理由。根据《最高人民法院关于审理物业服务纠纷案件具体应用法律若干问题的解释》的相关规定，物业公司接受委托对物业进行管理后，已履行了合同约定的维修、养护、管理和维护的主要义务，即使其在物业管理服务过程中存在瑕疵，丁某风亦可依物业管理委托合同约定，通过要求物业服务企业限期整改直至终止合同并提议选聘新的物业管理企业等方式维护自己合法权益，而不能通过拒绝交纳物业费的形式来进行抗辩。

法律依据

《中华人民共和国合同法》

第六十条 当事人应当按照约定全面履行自己的义务。

当事人应当遵循诚实信用原则，根据合同的性质、目的和交易习惯履行通知、协助、保密等义务。

第一百零九条 当事人一方未支付价款或者报酬的，对方可以要求其支付价款或者报酬。

《中华人民共和国民事诉讼法》

第六十四条 当事人对自己提出的主张，有责任提供证据。

当事人及其诉讼代理人因客观原因不能自行收集的证据，或者人民法院认为审理案件需要的证据，人民法院应当调查收集。

人民法院应当按照法定程序，全面地、客观地审查核实证据。

第二百五十三条 被执行人未按判决、裁定和其他法律文书指定的期间履行给付金钱义务的，应当加倍支付迟延履行期间的债务利息。被执行人未按判决、裁定和其他法律文书指定的期间履行其他义务的，应当支付迟延履行金。

《物业管理条例》

第七条 业主在物业管理活动中，履行下列义务：

（一）遵守管理规约、业主大会议事规则；

（二）遵守物业管理区域内物业共用部位和共用设施设备的使用、公共秩序和环境卫生的维护等方面的规章制度；

（三）执行业主大会的决定和业主大会授权业主委员会作出的决定；

（四）按照国家有关规定交纳专项维修资金；

（五）按时交纳物业服务费用；

（六）法律、法规规定的其他义务。

第二十一条 在业主、业主大会选聘物业服务企业之前，建设单位选聘物业服务企业的，应当签订书面的前期物业服务合同。

第二十二条 建设单位应当在销售物业之前，制定临时管理规约，对有关物业的使用、维护、管理，业主的共同利益，业主应当履行的义务，违反临时管理规约应当承担的责任等事项依法作出约定。

建设单位制定的临时管理规约，不得侵害物业买受人的合法权益。

第二十五条 建设单位与物业买受人签订的买卖合同应当包含前期物业服务合同约定的内容。

第四十一条 业主应当根据物业服务合同的约定交纳物业服务费用。业主与物业使用人约定由物业使用人交纳物业服务费用的，从其约定，业主负连带交纳责任。

已竣工但尚未出售或者尚未交给物业买受人的物业，物业服务费用由建设单位交纳。

《最高人民法院关于审理物业服务纠纷案件具体应用法律若干问题的解释》

第三条 物业服务企业不履行或者不完全履行物业服务合同约定的或者法律、法规规定以及相关行业规范确定的维修、养护、管理和维护义务，业主请求物业服务企业承担继续履行、采取补救措施或者赔偿损失等违约责任的，人民法院应予支持。

物业服务企业公开作出的服务承诺及制定的服务细则，应当认定为物业服务合同的组成部分。

第六条 经书面催交，业主无正当理由拒绝交纳或者在催告的合理期限内仍未交纳物业费，物业服务企业请求业主支付物业费的，人民法院应予支持。物业服务企业已经按照合同约定以及相关规定提供服务，业主仅以未享受或者无需接受相关物业服务为抗辩理由的，人民法院不予支持。

五、业委会剥夺业主知情权，业主可否要求业委会公布财务?

典型案例

上海市浦东新区大华锦绣华城 ×× 街坊（以下简称“×× 街坊”）的业委会，自 2015 年 7 月 1 日至 2017 年 8 月 8 日期间，对于小区各种重要事务，既不公告、更不公投，甚至出现某些人单人决策的情况，对于业委会的内部会议决议记录及相关财务明细和小区共有部分的处分信息从不允许业主查阅、复制，对小区业主权益造成了极大的侵害，故原告李娇娇提起诉讼。

原告认为：一、判令被告向原告出示被告成立以来所有的会议决议及会议记录、所有财务明细（包括但不限于账目、发票、收据、原始凭证等财务资料）及物业合同、建筑区划内规划用于停放汽车的车位、车库的处分情况，供原告查阅、复印。包括以下详细要求：1. 上海市浦东新区大华锦绣华城 ×× 街坊（以下简称“×× 街坊”）自 2015 年 7 月 1 日至 2017 年 8 月 8 日期间，聘请物业服务单位的相关决议和会议记录；2.×× 街坊自 2015 年 7 月 1 日至 2017 年 8 月 8 日期间，小区全体共有部分的使用、收益情况及专项维修改造的具体情况资料，包括但不限于小区 28 套空置房使用及收益情况；3.×× 街坊自 2015 年 7 月 1 日至 2017 年 8 月 8 日期间签署、履行的电梯广告、户外广告等广告合同、收益情况；4.×× 街坊 etcp 协议、门禁系统协议、电梯维修协议物业服务或第三方服务类合同及费用支出情况；5.×× 街坊建筑区划内规划用于停放汽车的车位、车库的处分情况，包括但不限于小区 etcp 系统统计下的每月收支统计数据，业委会与物业之间就停车费收支的对账材料等；6. 与 ×× 街坊监控摄像头改造、门禁对讲及报警系统改造相关的业主委员会会议记录、决议文件、审价报告、施工合同、费用支付或预支、验收或预验收资料等。二、诉讼费由被告承担。事实和理由：原告系居住于 ×× 街坊的业主，自被告成立后，多次拒绝业主要求账目明细公开、业委会会议记录及决议公开的要求。

被告认为：我业委会自 2015 年 7 月在浦东新区、北蔡街道两级政府的指导下成立至今，一直完全严格按照《物业管理条例》、《上海市住宅物业管理规定》、小区《议事规程》、《管理公约》的规定履行职责和义务。按照小区公约的规定，小区财务委托物业公司代为记录，每半年向全体业主及居委会公示并接受业主监督。自其成立以来，均严格按照上述规定执行。且每周六设立业主接待日，专人给予业主答疑解惑或提供资料的查询。根本不存在原告李娇娇所说的拒绝业主行使知情权的行为。其明确告知过李娇娇，如果对财务上有疑惑，可以协助原告一起去物业处调取原始凭证，但原告一直以各种理由推托不去，非要其把所有财务资料复印好提供给她。李娇娇诉讼的目的并不是实现知情权，而是转移原、被告之间的矛盾，让被告负责人辞职。李娇娇住宅存在违章搭建，因此原、被告双方一直存在严重矛盾。2017 年李娇娇希望参加业委会的愿望也因为违章而落空。

法院审理查明，原告李娇娇系 ×× 街坊小区业主。2015 年 5 月 30 日，×× 街坊业主大会发布《业主大会议事规则》《管理规约》《专项维修资金管理规约》，其中《业主大会议事规则》第十七条规定："业主委员会除依法履行职责外，同时履行下列职责：……（二）拟订业主委员会的年度财务预算方案、决算方案、报业主大会决定；……（五）拟订物业管理区域内物业共有部分和共用设施设备的使用、收益方案，报业主大会决定；（六）拟订专项维修资金使用、续筹方案，报业主大会决定；（七）拟订改建、重建建筑物及其附属设施的方案，报业主大会决定；……"第二十条规定："业主委员会会议应当按下列规则召开：（一）业主委员会每二月召开一次例会，……（五）会议有过半数委员出席，作出决定须经全体委员人数半数以上同意。（六）做好会议书面记录，由出席会议的委员签字后存档。业主委员会做出的决定，应当以书面形式向全体业主公告。"第二十九条规定："业主委员会活动经费用于下列开支：（一）业主大会、业主委员会会议开支，不超过人民币 3 万元 / 年；（二）必要的日常办公等费用（含水、电、通信、交通费），不超过 2000 元 / 月；……业主委员会开展工作的经费来源于共有部分、共有设施设备经营收益，如若不足，由业主大会另行讨论决定。经费收支账目由物业公司代为管理，经费收支账目每六个月在物业管理区域内公布一次，接受业主的监督。"《管理规约》第十一条规定："利用物业共有部分、公用设施设备从事经营的，应当在征得相关业主、业主大会和物业服务企业的同意后，按照规定办理有关手续。获取的收益，按下列方式处理：每季度末予以结算，并于次月 5 日前纳入专项维修资金账户。"第十四条规定："发生下列情形之一的，业主委员会应当及时组织召开业主大会会议讨论决定物业服务企业选聘事宜：（一）物业服务合同届满前2个月；（二）因其他原因物业服务合同终止的。"第十七条规定："业主委员会根据《业主大会议事规则》统计表决结果，符合法定条件的，形成业主大会关于选聘物业服务企业的决定，并在物业管理区域内公告。"第十八条规定："业主委员会应本着维护物业管理区域广大业主利益出发，依照业主大会决议，公开、公平、公正地做好选聘物业服务企业的相关工作，并代表业主大会与选聘的物业服务企业签订物业服务合同。选聘工作完成后，业主委员会应当将选聘结果和合同主要内容在物业管理区域内公告，接受业主的查询。"《专项维修资金管理规约》第八条规定："业主委员会或者委托的物业管理企业，具有相应资质的中介机构每年1月份和7月份向业主公布一次下列情况：（一）维修资金收入、支出和结存的金额；（二）发生物业维修、更新、改造的项目和费用以及按户分摊情况；（三）利用住宅物业管理区域共用部分从事停放车辆、设置广告等经营性活动而获取的收入和使用情况；（四）业主大会、业主委员会工作经费支出情况；（五）维修资金使用和管理的其他有关情况。……"

法院经审理认为：业主对建筑区划内涉及业主共有权以及共同管理权的相关事项具有知情权，业主应当根据法律规定合理行使知情权。根据《最高人民法院关于审理建筑物区分所有权纠纷案件具体应用法律若干问题的解释》第十三条的规定，业主请求公布、查阅建筑物及其附属设施的维修资金的筹集、使用情况；管理规约、业主大会议事规则，以及业主大会或者业主委员会的决定及会议记录；物业服务合同、共有部分的使用和收益情况；建筑区划内规划用于停放汽车的车位、车库的处分情况，以及其他应当向业主公开的情况和资料的，人民法院应予支持。对于原告要求被告出示业委会会议决议、会议记录、物业服务合同、专项维修资金的使用情况及建筑区划内规划用于停放汽车的车位、车库的处分情况，合法有据，本院予以支持。原告如需复制相关资料，相应费用由其自理。对于原告要求被告出示所有财务明细（包括但不限于账目、发票、收据、原始凭证等财务资料）、广告合同、施工合同等，缺乏法律依据，本院不予支持。原告要求被告出示小区全体共有部分的使用、收益情况，被告在庭审中已向法院提供相关明细，并举证证明其已在小区进行公示，本院不再处理。依照《中华人民共和国物权法》第七十条,《最高人民法院关于审理建筑物区分所有权纠纷案件具体应用法律若干问题的解释》第十三条,《上海市商品住宅专项维修资金管理办法》第十二条、第十八条的规定,判决:

一、被告上海市浦东新区大华锦绣华城 ×× 街坊业主委员会向原告李娇娇出示 2015 年 7 月 1 日至 2017 年 8 月 8 日期间的上海市浦东新区大华锦绣华城 ×× 街坊业主委员会的会议决议及会议记录,供原告查阅(原告如需复印,复印费由原告自行承担);

二、被告上海市浦东新区大华锦绣华城 ×× 街坊业主委员会向原告李娇娇出示 2015 年 7 月 1 日至 2017 年 8 月 8 日期间的专项维修资金账户收支明细,供原告查阅(原告如需复印,复印费由原告自行承担);

三、被告上海市浦东新区大华锦绣华城 ×× 街坊业主委员会向原告李娇娇出示本小区物业服务合同,供原告查阅(原告如需复印,复印费由原告自行承担);

四、被告上海市浦东新区大华锦绣华城 ×× 街坊业主委员会向原告李娇娇出示目前小区内机动车车位、车库的处分情况(包括但不限于小区 etcp 系统统计下的每月收支统计数据,业委会与物业之间就停车费收支的对账材料)(原告如需复印,复印费由原告自行承担);

五、驳回原告李娇娇的其余诉讼请求。

律师点评

1. 争议焦点

本案争议焦点是,哪些业主有权请求公布、查阅有关情况。根据法律规定,在小区内生活的拥有房屋或使用房屋的业主均有权要求公布、查阅及复制业委会决定及会议记录,业委会如不公布维修基金和公共收益项目的有关收益情况,是剥夺了业主的知情权,业主完全可以行使自己的合法知情权。

2. 知情范围

本案中,法院明确了业主可以请求公布、查阅维修基金的使用情况、业委会的收益情况以及其他应向业主公开的情况和资料。说明业主在不超出合理要求的范围下,其大部分主张都会得到法院认可。

法律依据

《中华人民共和国物权法》

第七十条 业主对建筑物内的住宅、经营性用房等专有部分享有所有权，对专有部分以外的共有部分享有共有和共同管理的权利。

《物业管理条例》

第六条 房屋的所有权人为业主。

业主在物业管理活动中，享有下列权利：

（一）按照物业服务合同的约定，接受物业服务企业提供的服务；

（二）提议召开业主大会会议，并就物业管理的有关事项提出建议；

（三）提出制定和修改管理规约、业主大会议事规则的建议；

（四）参加业主大会会议，行使投票权；

（五）选举业主委员会成员，并享有被选举权；

（六）监督业主委员会的工作；

（七）监督物业服务企业履行物业服务合同；

（八）对物业共用部位、共用设施设备和相关场地使用情况享有知情权和监督权；

（九）监督物业共用部位、共用设施设备专项维修资金（以下简称专项维修资金）的管理和使用；

（十）法律、法规规定的其他权利。

《最高人民法院关于审理建筑物区分所有权纠纷案件具体应用法律若干问题的解释》

第十三条 业主请求公布、查阅下列应当向业主公开的情况和资料的，人民法院应予支持：

（一）建筑物及其附属设施的维修资金的筹集、使用情况；

（二）管理规约、业主大会议事规则，以及业主大会或者业主委员会的决定及会议记录；

（三）物业服务合同、共有部分的使用和收益情况；

（四）建筑区划内规划用于停放汽车的车位、车库的处分情况；

（五）其他应当向业主公开的情况和资料。

《上海市商品住宅专项维修资金管理办法》

第十二条 业主大会许可他人利用住宅共用部位设置广告等经营性设施而收取的费用，

应当存入专项维修资金账户，归该幢住宅的业主共同所有，并设立单独账目，专项用于该幢住宅共用部位、共用设备的维修、更新。

业主大会许可他人利用物业管理区域公共设施停放车辆、设置广告等经营性设施而收取的费用，应当存入专项维修资金账户，归全体业主共同所有，并设立单独账目，专项用于物业管理区域公共设施的维修、更新。

第十八条 业主委员会或者其委托的物业服务企业应当每月与开户银行核对专项维修资金账目，并将下列情况每半年向全体业主公布一次：

（一）专项维修资金交纳、使用和结存的金额；

（二）发生物业维修、更新的项目和费用以及按户分摊情况；

（三）专项维修资金使用和管理的其他有关情况。

前款第二项规定的情况，应当按每幢住宅公布；一幢住宅有两个或者两个以上门号的，应当按门号公布。

业主对公布的专项维修资金账目情况有异议的，可以要求业主委员会和物业服务企业提供有关的费用清单、发票原件和按户分摊费用清单进行核对。开户银行应当每月向业主委员会发送专项维修资金账户对账单，每年向全体业主发送专项维修资金分户对账单。业主委员会和业主可以向开户银行查询其账户或者分户账的情况。

六、小区停车位属于谁?

典型案例

北京市石景山区××园小区业主委员会（以下简称××园业委会）起诉北京市××房地产开发有限公司（以下简称××公司），当年××公司以出让方式取得坐落于石景山区京九铁路沿线居民搬迁住宅小区3#、4#、5#、6#、7–1#、7–2#号楼及地下车库及地块的国有土地使用权。××公司使用该地块，开发建设了××园小区，并出售给业主。因此，本小区全体业主共同享有本小区除合同和法律规定的专有部分之外的建筑区划内的道路，其他公共场所、公用设施和物业服务用房的共有权。占用业主共有的道路或者其他场地用于停放汽车的车位，当然属于业主共有。但小区从2006年初交房入住至今七年的时间里，就小区地面停车位的权属问题，在开发商与小区业主、小区物业服务单位之间反复发生争执、纠纷。

原告认为：位于北京市石景山区鲁谷地区的××园商品楼小区系被告开发建设，当年被告以出让方式取得坐落于石景山区京九铁路沿线居民搬迁住宅小区3#、4#、5#、6#、7-1#、7-2#号楼及地下车库及地块的国有土地使用权。该地块国有土地使用证号：京石国用（2004）第00××号。土地使用权面积为37227平方米。被告使用该地块，开发建设了××园小区，并出售给业主。因此，本小区全体业主共同享有本小区除合同和法律规定的专有部分之外的建筑区划内的道路，其他公共场所、公用设施和物业服务用房的共有权。占用业主共有的道路或者其他场地用于停放汽车的车位，当然属于业主共有。但小区从2006年初交房入住至今七年的时间里，就小区地面停车位的权属问题，在开发商与小区业主、小区物业服务单位之间反复发生争执、纠纷，并且愈演愈烈，致使小区停车管理陷入混乱，车辆无序乱放、堵路争执事件时有发生，给全体居民出行安全带来严重隐患。原告经本小区全体业主通过法定程序选举并上报北京市石景山区建委、鲁谷街道办事处备案后成立，现代表本小区全体业主维护业主合法权益，故诉至法院。诉讼请求：1.判令依法确认北京市石景山区鲁谷地区××园小区地面170个停车位属于全体业主共有；2.本案诉讼费由被告承担。

被告认为：一、根据物权法及相关司法解释的规定，建筑区划内的停车位应归被告所有。二、被告没有将建筑区划内的地面停车位所有权转让给业主。三、原告承认被告对本案诉争车位享有所有权。综上所述，本案诉争地面停车位属于被告所有，被告未向业主转移该停车位权属，原告在其签订的“三方会议记录”中已承认地面停车位的权属归被告所有。同时，在三方会议记录中，被告还承诺将建筑区划内的地面停车位中原本属于被告的部分车位收益交给原告，但如今原告出尔反尔，起诉争夺属于被告的地面停车位所有权，实属背信行为，请法院依法维护被告的合法权益。

法院经审理查明：位于北京市石景山区鲁谷地区规划建设京九铁路居民搬迁住宅小区（北京市石景山区鲁谷地区的××园商品楼小区）系××公司开发建设，2004年××公司取得建设工程规划许可证及北京市规划委员会（石景山分局）京九居民住宅小区平面图许可证附图。

现位于北京市石景山区鲁谷社区 ×× 园小区地面数字编号 001 号至 170 号的 170 个机动停车位即本案诉争车位。其中，编号 001 号至 014 号、057 号、146 号至 148 号、167 号至 170 号的 22 个车位属于未经规划许可的规划外新增车位。编号 015 号至 056 号、058 号至 145 号、149 号至 166 号的 148 个机动车停车位属于建筑区规划内的车位。×× 公司将开发建设的规划内车位均以出租形式交付给业主使用。

2009 年 1 月 6 日，×× 园业委会、北京金鹏顺发物业管理有限公司、北京 ×× 绿源物业管理有限公司达成“开发商、物业公司、业委会三方会议记录”：1. 由开发商办理停车管理手续，由金鹏物业公司负责小区地上停车位管理。2. 小区内地上停车位的 150 个车位，由投资方所有。小区内地上停车位的 20 个车位由小区业主收益。3. 第二条中的 150 个车位收益由开发商和物业管理公司各占 50%，收益双方每日结算。

2011 年 5 月 20 日，×× 园业委会分别向北京金鹏顺发物业管理有限公司、北京 ×× 绿源物业管理有限公司送达通知，声明小区业委会 2010 年 1 月同意由 ×× 绿源物业管理有限公司管理行使小区地面停车场（位）的临时协议从接到通知之日起撤销；从接到通知日起，小区业委会委托北京金鹏顺发物业管理有限公司行使小区地面停车场（位）的经营管理权；业委会同意从小区地面停车场（位）收取的存车费中，划拨 50% 作为物业公司的经营管理费；原地面由 ×× 绿源物业公司管理（开发商）收取存车费的 150 个地面停车位，从接到通知日起，改由业委会代表小区全体业主收取存车费，并计入公共收益账目（即从小区地面停车位的第二轮收费起，全部归全体业主）。后原、被告双方就车位费问题产生争议并诉至法院。

庭审中，原、被告双方对本案诉争 170 个车位编号及坐落位置均无异议，均认可其中 22 个车位属于未经规划的新增车位，其中 148 个车位虽在建筑规划范围内，但占用了小区内公共道路面积。原告认为被告擅自占用小区道路构成侵权行为，被告虽认可建筑区规划内 148 个车位占用了小区内公共道路面积的事实，但称均系按照规划部门的设计进行建设开发。

法院经到北京市规划委员会石景山分局调查核实，其答复称，规划部门对小区内车位个数进行了验收，验收时小区内车位满足规划要求，只要小区内道路宽度够四米，消防车能通过就可以，如果开发商改变用途多占用道路面积，相关利害关系人可以向规划部门反映，规划部门会依法处理。

法院经审理认为：根据物权法相关规定，建筑区划内的道路及绿地属于业主共有，但属于城镇公共道路、城镇公共绿地或者明示属于个人的除外。建筑区划内，规划用于停放汽车的车位的归属，由当事人通过出售、附赠或出租方式约定。占用业主共有道路或者其他场地用于停放汽车的车位，属于业主共有。根据物权法上述规定可知，经过规划许可的位于建筑区划内用于停放汽车的车位，开发商以出租形式交付业主使用后，业主仅从开发商处取得对车位的暂时占有权和使用权，所有权应属于开发商。没有经过规划，占用业主共有道路或其他场地新增的车位所有权，应属于业主共有。本案中，诉争 170 个车位中，编号 001 号至 014 号、057 号、146 号至 148 号、167 号至 170 号 22 个车位，属于规划外新增车位，应属小区内全体业主共有。原告作为 ×× 园小区物业管理区域内全体业主代表组成，代表全体业主共同利益的组织，请求确认该 22 个车位所有权属于小区内全体业主共有，于法有据，本院应予以支持。因编号 015 号至 056 号、058 号至 145 号、149 号至 166 号的 148 个停车位属于经过规划许可用于停放汽车的车位。被告采取出租方式交付业主使用后，仍享有处分权和所有权。原告要求确认该 148 个车位所有权属于业主共有，缺乏法律依据，本院不予支持。需要说明的是，原告若认为其合法权益受到侵害的，可通过其他途径解决。

律师点评

小区停车位到底属于谁？

在确认小区停车位的所有权之前，首先要确定其是建筑物区分所有权中的专有部分还是共有部分。依据《物权法》第七十三条“建筑区划内的道路，属于业主共有，但属于城镇公共道路的除外。建筑区划内的绿地，属于业主共有，但属于城镇公共绿地或者明示属于个人的除外。建筑区划内的其他公共场所、公用设施和物业服务用房，属于业主共有”。

第七十四条第二款“建筑区划内，规划用于停放汽车的车位、车库的归属，由当事人通过出售、附赠或者出租等方式约定”、第三款“占用业主共有的道路或者其他场地用于停放汽车的车位，属于业主共有”，这两条是区分建筑物区分权专有还是共有的关键点，对于具有独立产权证证书的地上停车位、停车场、地下车库等一般不会发生纠纷，而对于无法办理产权证书的地上停车位、停车场、地下车库，则需要分情况对待，《最高人民法院关于审理建筑物区分所有权纠纷案件具体应用法律若干问题的解释》中规定，专有部分的认定标准有三点:（一）具有构造上的独立性，能够明确区分;（二）具有利用上的独立性，可以排他使用;（三）能够登记成为特定业主所有权的客体。三者同时才具有专有性，法院也并不是仅仅根据车位在规划内来进行判断是否属于开发商。

法律依据

《中华人民共和国物权法》

第七十三条 建筑区划内的道路，属于业主共有，但属于城镇公共道路的除外。建筑区划内的绿地，属于业主共有，但属于城镇公共绿地或者明示属于个人的除外。建筑区划内的其他公共场所、公用设施和物业服务用房，属于业主共有。

第七十四条 建筑区划内，规划用于停放汽车的车位、车库应当首先满足业主的需要。

建筑区划内，规划用于停放汽车的车位、车库的归属，由当事人通过出售、附赠或者出租等方式约定。

占用业主共有的道路或者其他场地用于停放汽车的车位，属于业主共有。

七、电梯事故到底追责谁?

典型案例

李某系哈尔滨市辰×××庭院小区业主，物业公司为该小区的物业服务公司。李某及其爱人于2014年11月22日晚乘坐小区电梯时，电梯失控停到非正常区域导致李某摔倒腰部受伤，李某及爱人被救出后，物业公司工作人员将李某送往哈尔滨市骨伤科医院救治，被初步诊断为腰骶部挫伤，后经复查确诊为腰骶间盘突出。李某认为物业公司作为物业管理服务部门，理应提供安全的设施设备，但物业公司对电梯疏于管理维护，用电梯运送建筑材料和垃圾，导致电梯经常出现故障，造成李某受伤，李某认为物业公司管理不善，应该赔偿自己。

原告认为：物业公司作为物业管理服务部门，理应提供安全的设施设备，但物业公司对电梯疏于管理维护，用电梯运送建筑材料和垃圾，导致电梯经常出现故障，造成李某受伤。李某请求物业公司给付医疗费36036.88元、误工费145475.72元、护理费57409.64元、交通费440元、住院伙食补助费950元、营养费2000元、残疾赔偿金39194元、后续治疗费30000元、精神损害抚慰金5000元、鉴定费6800元、邮寄费30元，以上合计323336.24元。

被告认为：李某所述在电梯内摔倒的事实不存在，李某的诉讼主张没有法律依据，工资证明和收入证明很多都是伪造的。物业公司作为物业管理企业，须委托国家认可的具有特定资质的企业进行电梯维保养护，从电梯维护的角度来说，物业公司并不是当然的维护企业，这与物业公司其他的服务项目不同，因此不能认为物业公司是当然的第一责任主体。

法院审理查明：李某系辰×××庭院小区业主，物业公司为该小区的物业服务公司。李某与其爱人于2014年11月22日晚乘坐小区电梯时因电梯突然失控坠落造成李某受伤。李某事发当天被送往哈尔滨市骨伤科医院治疗，被诊断为腰骶部挫伤。李某2014年12月16日至2015年1月4日在黑龙江中医药大学附属第一医院住院治疗，其间花费医疗费10601.28元，出院诊断为腰椎间盘突出。哈尔滨工业大学医院司法鉴定中心于2015年5月8日出具鉴定意见，结论为：李某L4/L5、L5/S1间盘突出未做手术者评定为十级伤残；鉴定日起八个月可行医疗终结；支持住院期间二人护理，出院后一人护理六个月；匡算后续治疗费用约需30000元；李某腰骶部挫伤及L4/L5、L5/S1间盘突出与2014年11月22日的电梯事故存在因果关系。

另查明，李某的丈夫李方泉每月工资7821元，李某支出鉴定费6800元、邮寄费30元。除住院医疗费外，李某提供的其他治疗或购药票据共计25435.6元。物业公司对李某支出交通费440元无异议。2014年黑龙江省城镇非私营单位就业人员平均工资为44036元。

法院经审理认为：物业公司作为物业管理企业，应当为业主提供安全的设施设备，由于物业公司管理的电梯出现故障，造成李某受伤，物业公司应承担赔偿责任。李某请求物业公司给付的住院医疗费10601.28元、住院伙食补助费950元、残疾赔偿金39194元、后续治疗费30000元、精神损害抚慰金5000元、邮寄费30元、交通费440元及根据李方泉的收入状况计算的护理费53758.14元合理，应予支持。李某提供的住院医疗费以外的25435.6元医疗费票据中，哈尔滨市平房区中医骨伤科诊所出具的6张收据共计12910元，费别为西药费或中药费，哈尔滨市香坊大街医药有限责任公司出具的2张发票共计1407元，项目为中药，上述票据均未注明药品名称，不能证实所购药品系用于李某因本次电梯事故造成的伤情的治疗，其余医疗费11118.6元合理，物业公司应予赔偿。李某及李某娇的工资表形式均不符合常规，对工资表中反映的工资数额均不予认定，但可参照2014年黑龙江省城镇非私营单位就业人员平均工资44036元的标准，计算李某的误工费及李某娇护理李某的护理费，按该标准计算，李某13个月零14天的误工费为49418.18元（44036÷12×13+44036÷12÷30×14），李某娇护理李某的护理费为3205.68元（44036÷12÷21.75×19）。李某请求给付营养费无事实及法律依据，不予支持。

律师点评

关于本案被告的第一责任主体

侵害公民身体造成伤害的，应当承担民事赔偿责任。李某系哈尔滨市辰×××庭院小区业主，物业公司为该小区的物业服务公司，双方存在物业服务关系，李某因乘坐小区电梯时因电梯失控造成损害，物业公司负有服务管理责任。有读者可能会认为电梯设备的提供者是否需要承担责任，如果电梯本身的质量出现问题，那么电梯设备的制造者当然需要承担责任，但是在本案，与小区业主具有直接关系的是物业服务公司，电梯设备的制造商与物业公司的关系是另一法律关系。

法律依据

《中华人民共和国侵权责任法》

第六条 行为人因过错侵害他人民事权益，应当承担侵权责任。

根据法律规定推定行为人有过错，行为人不能证明自己没有过错的，应当承担侵权责任。

第三十七条 宾馆、商场、银行、车站、娱乐场所等公共场所的管理人或者群众性活动的组织者，未尽到安全保障义务，造成他人损害的，应当承担侵权责任。

因第三人的行为造成他人损害的，由第三人承担侵权责任；管理人或者组织者未尽到安全保障义务的，承担相应的补充责任。

《最高人民法院关于审理人身损害赔偿案件适用法律若干问题的解释》

第二十条 误工费根据受害人的误工时间和收入状况确定。

误工时间根据受害人接受治疗的医疗机构出具的证明确定。受害人因伤致残持续误工的，误工时间可以计算至定残日前一天。

受害人有固定收入的，误工费按照实际减少的收入计算。受害人无固定收入的，按照其最近三年的平均收入计算；受害人不能举证证明其最近三年的平均收入状况的，可以参照受诉法院所在地相同或者相近行业上一年度职工的平均工资计算。

参考文书篇

第十章　房地产常用法律文书参考

1.《商品房预售合同（经济适用房）》（2010 年 10 月修订）

BF——2010——0116　　　　合同编号：

北京市商品房预售合同

出卖人：________________

买受人：________________

北京市建设委员会

北京市工商行政管理局

二〇一〇年十月修订

说明

1. 本合同文本为示范文本，由北京市建设委员会和北京市工商行政管理局共同制订。
2. 签订前，出卖人应当向买受人出示商品房预售许可证及其他有关证书和证明文件。
3. 当事人应当按照自愿、公平及诚实信用的原则订立合同，任何一方不得将自己的意志强加给另一方。双方当事人可以对文本条款的内容进行修改、增补或删减。合同生效后，未被修改的文本打印文字视为双方当事人同意内容。
4. 签订商品房预售合同前，买受人应当仔细阅读合同条款，应当特别仔细审阅其中具有选择性、补充性、填充性、修改性的内容。
5. 为体现合同双方的自愿原则，本合同文本中相关条款后留有空白行，供双方自行约定或补充约定。出卖人与买受人可以针对合同中未约定或约定不详的内容，根据所售项目的具体情况签订公平合理的补充协议，也可以在相关条款后的空白行中进行补充约定。
6. 本合同文本【　】中选择内容、空格部位填写及其他需要删除或添加的内容，双方当事人应当协商确定。【　】中选择内容，以划√方式选定；对于实际情况未发生或双方当事人不作约定时，应当在空格部位打×，以示删除。
7. 双方当事人在履行合同中发生争议的，可以选择向不动产所在地人民法院起诉，也可以选择向仲裁委员会申请仲裁。如选择申请仲裁的，可以向北京仲裁委员会、中国国际经济贸易仲裁委员会、外地的仲裁委员会申请。
8. 双方当事人可以根据实际情况决定本合同原件的份数，并在签订合同时认真核对，以确保各份合同内容一致；在任何情况下，买受人都应当至少持有一份合同原件。

北京市商品房预售合同

出卖人：____

通讯地址：____

邮政编码：____

营业执照注册号：__________________________________

企业资质证书号：__________________________________

法定代表人：________________ 联系电话：________________

委托代理人：________________ 联系电话：________________

委托销售代理机构：________________________________

通讯地址：____

邮政编码：____

营业执照注册号：__________________________________

买受人：____

【法定代表人】【负责人】：______________ 国籍：____________

【身份证】【护照】【营业执照注册号】【　　】：__________________

出生日期：________年________月________日，性别：________

通讯地址：____

邮政编码：________________ 联系电话：________________

【法定代理人】【委托代理人】：____________ 国籍：____________

【身份证】【护照】【　　】：____________________________

出生日期：________年________月________日，性别：________

通讯地址：____

邮政编码：________________　联系电话：________________

根据《中华人民共和国合同法》、《中华人民共和国城市房地产管理法》、《北京市城市房地产转让管理办法》及其他有关法律、法规的规定，出卖人和买受人在平等、自愿、公平、协商一致的基础上就商品房预售事宜达成如下协议：

第一条　项目建设依据

出卖人以【出让】【转让】【划拨】方式取得座落于______________地块的国有土地使用权。该地块【国有土地使用证号】【城镇建设用地批准书号】为：________________________________，土地使用权面积为：______________________，买受人购买的商品房（以下简称该商品房）所在土地用途为：______________________，土地使用年限自______年____月____日至______年____月____日止。该地块国有土地使用权出让合同编号为：______________________，该商品房所在土地用途为：____________________，土地使用权出让年限自______年____月____日至______年____月____日止。

出卖人经批准，在上述地块上建设的商品房【地名核准名称】【暂定名】为：____________，建设工程规划许可证号为：________________，建筑工程施工许可证号为：________________，建设工程施工合同约定的开工日期为：____________________，建设工程施工合同约定的竣工日期为：__________________________。

第二条　预售依据

该商品房已由__________________批准预售，预售许可证号为：______________。

第三条　基本情况

该商品房所在楼栋的主体建筑结构为：__________________，建筑层数为：______________层，其中地上______________层，

地下 ____________________ 层。

该商品房为第一条规定项目中的 ______________________【幢】【座】第 ________________ 层 ________________ 单元 ____________________ 号。该房号为【审定编号】【暂定编号】，最终以公安行政管理部门审核的房号为准，该商品房平面图及在整个楼栋中的位置图见附件一。

该商品房的用途为【住宅】【办公】【商业】【__】：______________；【层高】【净高】为：______________ 米，【坡屋顶净高】最低为：___________ 米，最高为：_________ 米。该商品房朝向为：_____________。有 ___________ 个阳台，其中 ___________ 个阳台为封闭式，___________ 个阳台为非封闭式。

出卖人委托预测该商品房面积的房产测绘机构是 __________________，其预测建筑面积共 ________________________ 平方米，其中，套内建筑面积 ___________ 平方米，共用部位与共用房屋分摊建筑面积 ________________ 平方米。有关共用部位与共用房屋分摊建筑面积构成说明见附件二。

签订本合同时该商品房所在楼栋的建设工程进度状况为 ______________ ____。

（如：正负零、地下一层、……地上五层、……结构封顶）

本条所称层高是指上下两层楼面或楼面与地面之间的垂直距离。净高是指楼面或地面至上部楼板底面或吊顶底面之间的垂直距离。

第四条　抵押情况

与该商品房有关的抵押情况为：______________________。

1. 该商品房所分摊的土地使用权及在建工程均未设定抵押。

2. 该商品房所分摊的土地使用权已经设定抵押，抵押权人为：__________，抵押登记部门为：____，抵押登记日期为：________________________。

3. 该商品房在建工程已经设定抵押，抵押权人为：__________________，抵押登记部门为：____，抵押登记日期为：________________________________。（2 和 3 可以同时选择）

____。

抵押权人同意该商品房预售的证明及关于抵押的相关约定见附件三。

第五条 计价方式与价款

除独栋别墅、整栋楼房和车库（位）以外的商品房，出卖人与买受人约定按照下列第 1 种方式计算该商品房价款。

该商品房为【独栋别墅】【整栋楼房】【车库】【车位】的，出卖人与买受人约定按照下列第__________种方式计算该商品房价款。

1. 按照套内建筑面积计算，该商品房单价每平方米______（币）______元，总价款______（币）______佰______拾______亿______仟______佰______拾______万______仟______佰______拾______元整（大写）。

2. 按照建筑面积计算，该商品房单价为__每平方米______（币）______元，总价款______（币）______佰______拾______亿______仟______佰______拾______万______仟______佰______拾______元整（大写）。

3. 按照套（单元）计算，该商品房总价款为______（币）______佰______拾______亿______仟______佰______拾______万______仟______佰______拾______元整（大写）。

4. 按照______________________________计算，该商品房总价款为_______（币）______佰______拾______亿______仟______佰______拾______万______仟______佰______拾______元整（大写）。

具体约定见附件四。

本条所称建筑面积，是指房屋外墙（柱）勒脚以上各层的外围水平投影面积，包括阳台、挑廊、地下室、室外楼梯等，且具备有上盖，结构牢固，层高 2.20 米以上（含 2.20 米）的永久性建筑。

所称套内建筑面积，是指成套商品房（单元房）的套内使用面积、套内墙体面积和阳台建筑面积之和。

第六条 付款方式及期限

买受人采取下列第________种方式付款。

1. 一次性付款。

2. 分期付款。

3. 贷款方式付款：【公积金贷款】【商业贷款】。买受人可以首期支付购房总价款的 ________%，其余价款可以向【 ____________________ 】【住房公积金管理机构委托的商业银行】借款支付。

4. 其他方式。

具体付款方式及期限的约定见附件五。

第七条　出卖人保证该商品房没有产权纠纷，因出卖人原因造成该商品房不能办理产权登记或发生债权债务纠纷的，由出卖人承担相应责任。

____。

第八条　规划变更的约定

出卖人应当按照规划行政主管部门核发的建设工程规划许可证规定的条件建设商品房，不得擅自变更。

出卖人确需变更建设工程规划许可证规定条件的，应当书面征得受影响的买受人同意，并取得规划行政主管部门的批准。因规划变更给买受人的权益造成损失的，出卖人应当给予相应的补偿。

第九条　设计变更的约定

（一）经规划行政主管部门委托的设计审查单位批准，建筑工程施工图设计文件的下列设计变更影响到买受人所购商品房质量或使用功能的，出卖人应当在设计审查单位批准变更之日起 10 日内，书面通知买受人。

1. 该商品房结构形式、户型、空间尺寸、朝向；

2. 供热、采暖方式；

3. ____；

4. ____；

5. ____。

出卖人未在规定时限内通知买受人的，买受人有权退房。

（二）买受人应当在通知送达之日起 15 日内做出是否退房的书面答复。买受人逾期未予以书面答复的，视同接受变更。

（三）买受人退房的，出卖人应当自退房通知送达之日起 ________ 日内退还买受人已付房款，并按照 ______________________ 利率付给利息。买受人不退房的，应当与出卖人另行签订补充协议。

____。

第十条　逾期付款责任

买受人未按照约定的时间付款的，按照下列第 ___________ 种方式处理：

1. 按照逾期时间，分别处理（（1）和（2）不作累加）

（1）逾期在 _________ 日之内，自约定的应付款期限届满之次日起至实际支付应付款之日止，买受人按日计算向出卖人支付逾期应付款万分之 ________ 的违约金，并于实际支付应付款之日起 _________ 日内向出卖人支付违约金，合同继续履行。

（2）逾期超过 ________ 日（该日期应当与第（1）项中的日期相同）后，出卖人有权解除合同。出卖人解除合同的，买受人应当自解除合同通知送达之日起 ______ 日内按照累计的逾期应付款的 ________ % 向出卖人支付违约金，并由出卖人退还买受人全部已付款。买受人愿意继续履行合同的，经出卖人同意后，合同继续履行，自约定的应付款期限届满之次日起至实际支付应付款之日止，买受人按日计算向出卖人支付逾期应付款万分之 ______（该比率应当不小于第（1）项中的比率）的违约金，并于实际支付应付款之日起 ______ 日内向出卖人支付违约金。

本条所称逾期应付款是指依照第六条约定的到期应付款与该期实际已付款的差额；采取分期付款的，按照相应的分期应付款与该期的实际已付款的差额确定。

2. ____。

第十一条　交付条件

（一）出卖人应当在 ________ 年 ____ 月 ____ 日前向买受人交付该商品房。

（二）该商品房交付时应当符合下列第 1、2、3.____、____、____、______ 项所列条件；该商品房为住宅的，出卖人还应当提供《住宅质量保证书》、《住宅使用说明书》，以及《住宅工程质量分户验收表》（该表适用于2006年1月1日起进行住宅工程竣工验收的房屋）。

1. 该商品房已取得规划验收批准文件和建筑工程竣工验收备案表；

2. 有资质的房产测绘机构出具的该商品房面积实测技术报告书；

3. 满足第十二条中出卖人承诺的市政基础设施和其他设施达到的条件（2007年3月1日后签订土地使用权出让合同的住宅；或2007年3月1日前已签订土地使用权出让合同但在2007年8月1日后进行施工招投标的住宅，必选）；

4. 满足第十二条中出卖人承诺的市政基础设施和其他设施达到的条件（适用于2007年3月1日前签订土地出让合同但在2007年8月1日前进行招投标的项目）；

5. 出卖人已取得了该商品房所在楼栋的房屋权属证明；

6. ____；

7. ____。

第十二条　市政基础设施和其他设施的承诺

该商品房为住宅的，出卖人承诺本合同附件八载明的该商品房所在楼栋本期的项目建设方案与出卖人向建设行政主管部门申报并在北京市建设委员会网上公示的该项目建设方案一致，本条款约定的市政基础设施和其他设施的交用日期与建设方案的日期相符或提前于建设方案约定的日期，具体约定如下：

1. 市政基础设施：

（1）上水、下水：________年____月____日达到______________________
____；

（2）【市政双路供电】【过渡性供电】：________年____月____日达到
____；

（3）供暖：________年________月________日达到______________________
____；

（4）燃气：________年________月________日达到______________________

____；

（5）电话通信线：________年________月________日交付，敷设到户；

（6）有线电视线：________年________月________日交付，敷设到户；

（7）____；

（8）____。

如果在约定期限内未达到条件，双方同意按照下列方式处理：

（1）____；

（2）____。

2. 其他设施

（1）公共绿地：________年____月____日达到______________________

____；

（2）小区非市政道路：________年____月____日达到________________

____；

（3）公共停车场：________年____月____日达到____________________

____；

（4）幼儿园：________年____月____日达到________________________

____；

（5）学校：________年____月____日达到__________________________

____；

（6）会所：________年____月____日达到__________________________

____；

（7）购物中心：________年____月____日达到______________________

____；

（8）体育设施：________年________月________日达到______________

____；

（9）____；

（10）____。

如果在约定期限内未达到条件，双方同意按照下列方式处理：

（1）____；

（2）____。

第十三条　逾期交房责任

除不可抗力外，出卖人未按照第十一条约定的期限和条件将该商品房交付买受人的，按照下列第________种方式处理：

1. 按照逾期时间，分别处理（（1）和（2）不作累加）

（1）逾期在________日之内（该时限应当不小于第十条第（1）项中的时限），自第十一条约定的交付期限届满之次日起至实际交付之日止，出卖人按日计算向买受人支付已交付房价款万分之________的违约金（该违约金比率应当不小于第十条第（1）项中的比率），并于该商品房实际交付之日起____日内向买受人支付违约金，合同继续履行。

（2）逾期超过________日（该日期应当与第（1）项中的日期相同）后，买受人有权退房。买受人退房的，出卖人应当自退房通知送达之日起________日内退还全部已付款，并按照买受人全部已付款的________%向买受人支付违约金。买受人要求继续履行合同的，合同继续履行，自第十一条约定的交付期限届满之次日起至实际交付之日止，出卖人按日计算向买受人支付全部已付款万分之________（该比率应当不小于第（1）项中的比率）的违约金，并于该商品房实际交付之日起________日内向买受人支付违约金。

2. ____。

第十四条　面积差异处理

该商品房交付时，出卖人应当向买受人公示其委托的有资质的房产测绘机构出具的商品房面积实测技术报告书，并向买受人提供该商品房的面积实测数据（以下简称实测面积）。实测面积与第三条载明的预测面积发生误差的，双方同意按照第________种方式处理。

1. 根据第五条按照套内建筑面积计价的约定，双方同意按照下列原则处理：

（1）套内建筑面积误差比绝对值在3%以内（含3%）的，据实结算房价款；

（2）套内建筑面积误差比绝对值超出3%时，买受人有权退房。

买受人退房的，出卖人应当自退房通知送达之日起30日内退还买受人已付房款，并按照 ______________________ 利率付给利息。

买受人不退房的，实测套内建筑面积大于预测套内建筑面积时，套内建筑面积误差比在 3% 以内（含 3%）部分的房价款由买受人补足；超出 3% 部分的房价款由出卖人承担，产权归买受人所有。实测套内建筑面积小于预测套内建筑面积时，套内建筑面积误差比绝对值在 3% 以内（含 3%）部分的房价款由出卖人返还买受人；绝对值超出 3% 部分的房价款由出卖人双倍返还买受人。

$$\text{套内建筑面积误差比}=\frac{\text{实测套内建筑面积}-\text{预测套内建筑面积}}{\text{预测套内建筑面积}}\times 100\%$$

2. 根据第五条按照建筑面积计价的约定，双方同意按照下列原则处理：

（1）建筑面积、套内建筑面积误差比绝对值均在 3% 以内（含 3%）的，根据实测建筑面积结算房价款；

（2）建筑面积、套内建筑面积误差比绝对值其中有一项超出 3% 时，买受人有权退房。

买受人退房的，出卖人应当自退房通知送达之日起 30 日内退还买受人已付房款，并按照 ______________________ 利率付给利息。

买受人不退房的，实测建筑面积大于预测建筑面积时，建筑面积误差比在 3% 以内（含 3%）部分的房价款由买受人补足；超出 3% 部分的房价款由出卖人承担，产权归买受人所有。实测建筑面积小于合同约定建筑面积时，建筑面积误差比绝对值在 3% 以内（含 3%）部分的房价款由出卖人返还买受人；绝对值超出 3% 部分的房价款由出卖人双倍返还买受人。

$$\text{建筑面积误差比}=\frac{\text{实测建筑面积}-\text{预测建筑面积}}{\text{预测建筑面积}}\times 100\%$$

3. 双方自行约定：

____；

____。

第十五条　交接手续

（一）交付该商品房时，该商品房已经由建设、勘察、设计、施工、工程监理等单位验收合格。该商品房为住宅的，出卖人承诺买受人在办理交接手续前有权对所购买的该商品房进行查验，而且不以缴纳相关税费或者签署物业管理文件作为买受人查验该商品房的前提条件。

（二）查验该商品房时发现其质量或其他问题的，双方同意按照第______种方式处理：

（1）出卖人应当于______日内将已修复的该商品房交付。由此产生的逾期交房责任由出卖人承担，并按照第十三条处理。

______________________________。

（2）由出卖人按照国家和本市有关工程质量的规范和标准在商品房交付之日起______日内负责修复，并承担修复费用，给买受人造成的损失由出卖人承担赔偿责任。

（3）______________________________。

（三）该商品房达到第十一条约定的交付条件后，出卖人应当在交付日的7日前，书面通知买受人办理交接手续的时间、地点以及应当携带的证件。双方进行验收交接时，出卖人应当出示第十一条约定的证明文件，并满足第十一条约定的其他条件。出卖人不出示证明文件或者出示的证明文件不齐全，或未满足第十一条约定其他条件的，买受人有权拒绝接收，由此产生的逾期交房责任由出卖人承担，并按照第十三条处理。

（四）验收交接后，双方应当签署商品房交接单。由于买受人原因未能按期办理交接手续的，双方同意按照下列约定方式处理：

______________________________；

______________________________。

（五）双方同意按照下列第______种方式缴纳税费：

1. 出卖人不得将买受人缴纳税费作为交接该商品房的条件。

____

______________________________。

2. 买受人同意委托______________________________代缴下列第

________、________、________、________、________种税费，并在接收该商品房的同时将上述税费交给出卖人。

（1）专项维修资金；

（2）契税；

（3）供暖费；

（4）____；

（5）____。

3. 买受人自行向相关单位缴纳下列第______、______、______、________、______种税费，并在接收该商品房的同时向出卖人出示缴纳税费的凭据。

（1）专项维修资金；

（2）契税；

（3）供暖费；

（4）____；

（5）____。

第十六条　商品房质量、装饰、设备标准的约定

（一）出卖人承诺该商品房使用合格的建筑材料、构配件，该商品房质量符合国家和本市颁布的工程质量规范、标准和施工图设计文件的要求。

（二）出卖人和买受人约定如下：

1. 该商品房地基基础和主体结构质量经检测不合格的，买受人有权退房。买受人退房的，出卖人应当自退房通知送达之日起__________日内退还全部已付款，并按照____________________利率付给利息，给买受人造成损失的由出卖人承担赔偿责任。因此而发生的检测费用由出卖人承担。

买受人要求继续履行合同的，应当与出卖人另行签订补充协议。

____。

2. 该商品房室内空气质量经检测不符合国家标准的，自该商品房交付之日起____________日内（该时限应当不低于 60 日），买受人有权退房。买受人退房的，出卖人应当自退房通知送达之日起__________日内退还买受人全部已付款，并按照____________________利率付给利息，给买受人造成损失的由出卖人承担赔偿责任。因此而发生的检测费用由出卖人承担。

买受人不退房的或该商品房交付使用已超过 ________ 日的，应当与出卖人另行签订补充协议。

____。

3. 出卖人交付的商品房的装饰、设备标准应当符合双方约定的标准。达不到约定标准的，买受人有权要求出卖人按照下列第 __________ 种方式处理：

（1）出卖人赔偿双倍的装饰、设备差价；

（2）____；

（3）____。

具体装饰和设备标准的约定见附件六。

（三）出卖人和买受人对工程质量问题发生争议的，任何一方均可以委托有资质的建设工程质量检测机构检测，双方均有协助并配合对方检测的义务。

____。

第十七条　住宅保修责任

（一）该商品房为住宅的，出卖人自该商品房交付之日起，按照《住宅质量保证书》承诺的内容承担相应的保修责任。《住宅质量保证书》承诺的保修范围和保修期限必须符合国家和北京市有关法律、法规的规定及相关标准、规程的要求。

该商品房为非住宅的，双方应当签订补充协议详细约定保修范围、保修期限和保修责任等内容。

（二）在该商品房保修范围和保修期限内发生质量问题，双方有退房约定的，按照约定处理；没有退房约定的，出卖人应当履行保修义务，买受人应当配合保修。非出卖人原因造成的损坏，出卖人不承担责任。

第十八条　居民建筑节能措施

该商品房为住宅的，应当符合国家有关建筑节能的规定和北京市规划委员会、北京市建设委员会联合发布的《居住建筑节能设计标准》的要求。未达到标准的，出卖人应当按照《居住建筑节能设计标准》的要求补做节能措施，并承担全部费用；因此给买受人造成损失的，出卖人应当承担赔偿责任。

____。

第十九条　建筑隔声情况

该商品房为住宅的，出卖人承诺该商品房建筑隔声情况符合《民用建筑隔声设计规范》（GBJ118—88）、《建筑外窗空气隔声性能分级及其检测方法》（GB8485—87）、《隔声门》（HCRJ019—98）标准，对该商品房所在地声环境状况的描述真实准确。商品房建筑设计文件所标注的建筑隔声情况和环境影响评价文件所表征的声环境状况见附件九。

商品房建筑隔声情况未达到标准的，出卖人应当按照规划设计的要求补做建筑施工隔声措施，并承担全部费用；因此给买受人造成损失的，出卖人应当承担赔偿责任。

____。

第二十条　使用承诺和风险提示

1. 买受人使用该商品房期间，不得擅自改变该商品房的用途、建筑主体结构和承重结构。除本合同、补充协议及其附件另有约定者外，买受人在使用该商品房期间有权与其他权利人共同使用与该商品房有关的共用部位和设施，并按照共用部位与共用房屋分摊面积承担义务。

出卖人不得擅自改变与该商品房有关的共用部位和设施的使用性质。

2. 出卖人承诺商品住宅不分割拆零销售；不采取返本销售或者变相返本销售的方式销售商品房；不采取售后包租或者变相售后包租的方式销售未竣工商品房。

3.____。

第二十一条　产权登记

（一）初始登记

出卖人应当在____________年____月____日前，取得该商品房所在楼栋的权属证明。如因出卖人的责任未能在本款约定期限内取得该商品房所在楼栋的权属证明的，双方同意按照下列第 ＿＿＿＿＿＿＿＿ 种方式处理：

1. 买受人有权退房。买受人退房的，出卖人应当自退房通知送达之日起 ＿＿＿＿＿＿ 日内退还全部已付款，并按照买受人全部已付款的 ＿＿＿＿＿＿ %向买受人支付违约金。买受人不退房的，合同继续履行，自出卖人应当取得该商品房所在楼栋的权属证明期限届满之次日起至实际取得权属证明之日止，出卖人应当按日计算向买受人支付全部已付款万分之 ＿＿＿＿＿＿＿ 的违约金。

2. ＿＿。

（二）转移登记

1. 商品房交付使用后，双方同意按照下列第 ＿＿＿＿＿＿＿ 种方式处理：

（1）双方共同向权属登记机关申请办理房屋权属转移登记。

（2）买受人同意委托 ＿＿＿＿＿＿＿＿＿＿＿＿＿＿＿＿＿＿ 向权属登记机关申请办理房屋权属转移登记，委托费用 ＿＿＿＿＿＿＿＿＿＿＿＿＿ 元人民币（大写）。

2. 如因出卖人的责任，买受人未能在商品房交付之日起 ＿＿＿＿ 日内取得房屋所有权证书的，双方同意按照下列第 ＿＿＿＿ 种方式处理：

（1）买受人有权退房。买受人退房的，出卖人应当自退房通知送达之日起 ＿＿＿＿＿＿ 日内退还买受人全部已付款，并按照 ＿＿＿＿＿＿＿＿＿＿＿＿＿＿＿＿ 利率付给利息。买受人不退房的，自买受人应当取得房屋所有权证书的期限届满之次日起至实际取得房屋所有权证书之日止，出卖人按日计算向买受人支付全部已付款万分之 ＿＿＿＿＿＿＿ 的违约金。

（2）＿＿＿＿＿＿＿＿＿＿＿＿＿＿＿＿＿＿＿＿＿＿＿＿＿＿＿＿＿＿＿＿＿＿＿＿＿＿。

3. 如因买受人的责任造成买受人未能在商品房交付之日起 ＿＿＿＿＿＿＿＿＿ 日内取得房屋所有权证书的，由买受人承担责任。

第二十二条　共有权益的约定

1. 该商品房所在楼栋的屋面使用权归全体产权人共有；

2. 该商品房所在楼栋的外墙面使用权归全体产权人共有；

3. ＿＿＿＿＿＿＿＿＿＿＿＿＿＿＿＿＿＿＿＿＿＿＿＿＿＿＿＿＿＿＿＿＿＿＿＿＿＿；

4. ＿＿＿＿＿＿＿＿＿＿＿＿＿＿＿＿＿＿＿＿＿＿＿＿＿＿＿＿＿＿＿＿＿＿＿＿＿＿。

第二十三条　附属建筑物、构筑物的约定

双方同意该商品房的地下停车库等附属建筑物、构筑物按照以下第______种方式处理。

1. 出卖人出卖该商品房时，该商品房附属的__________、______________、______________、______________随同该商品房一并转让。

2. 出卖人出卖该商品房时，该商品房附属的____________、____________、______________、______________不随同该商品房一并转让。

第二十四条　前期物业管理

（一）物业管理区域划分四至为：

东至____；

西至____；

南至____；

北至____。

物业服务用房建筑面积为________平方米，其中地上建筑面积为________平方米，位于________【号楼】【幢】【座】________层________单元________号；地下建筑面积为__________平方米，位于________【号楼】【幢】【座】________层________单元________号；其中业主大会及业主委员会办公用房建筑面积为__________平方米，位于________【号楼】【幢】【座】________层________单元________号。（注：物业服务用房为多处时，双方可自行增加以上内容）

（二）前期物业管理期间，本物业管理区域内的物业服务费标准为：【住宅】元/平方米·月；【办公楼】：______元/平方米·月；【商业物业】：________元/平方米·月；【会所】：____________元/平方米·月；【　】：____________元/平方米·月。

（三）在交付房屋前，出卖人应当向买受人发放该套房屋的"业主一卡通"。买受人入住前，应当与银行、出卖人签订前期物业服务费托收协议，按照上述费用标准，在"业主一卡通"内预存__________个月（不超过12个月）的物业服务费。

（四）物业管理区域内规划用于停放车辆的车库、车位，出卖人不得出售给本物业管理区域业主以外的其他人。

（五）买受人已详细阅读前期物业服务合同和临时管理规约，同意出卖人提供的前期物业服务，遵守临时管理规约。

（六）出卖人应当按照前期物业服务合同的约定承担前期物业服务责任。前期物业服务合同、临时管理规约及其他约定见附件七。

第二十五条　专项维修资金

买受人委托出卖人代交专项维修资金的，出卖人应当自受托之日起______日内，向买受人提交专项维修资金缴纳凭证。

第二十六条　不可抗力

因不可抗力不能按照约定履行本合同的，根据不可抗力的影响，部分或全部免除责任，但因不可抗力不能按照约定履行合同的一方当事人应当及时告知另一方当事人，并自不可抗力事件结束之日起________日内向另一方当事人提供证明。

第二十七条　争议解决方式

本合同在履行过程中发生的争议，由双方当事人协商解决；协商不成的，按照下列第____________种方式解决：

1. 提交________________________仲裁委员会仲裁。

2. 依法向人民法院起诉。

第二十八条　本合同自双方签字（盖章）之日起生效。双方可以根据具体情况对本合同中未约定、约定不明或不适用的内容签订书面补充协议进行变更或补充，但补充协议中含有不合理地减轻或免除本合同中约定应当由出卖人承担的责任或不合理地加重买受人责任、排除买受人主要权利内容的，仍以本合同为准。对本合同的解除，应当采用书面形式。本合同附件及补充协议与本合同具有同等法律效力。

第二十九条　本合同及附件共____________页，一式____________份，具有同等法律效力，其中出卖人 ___________ 份，买受人 ___________ 份，__________ 份，___________ 份。

第三十条 出卖人与买受人在该合同上签字、盖章后，出卖人应当在北京房地产交易管理系统上进行商品房预售合同网上联机备案，并打印联机备案表盖章后交买受人一份。

商品房预售合同联机备案手续应当在 7 日内完成。

出卖人（签章）： 买受人（签章）：

【法定代表人】： 【法定代表人】：

【委托代理人】（签章）： 【负责人】：

【委托销售代理机构】（签章）： 【委托代理人】（签章）：

签订时间：____年 __月 __日 签订时间：____年 __月 __日

签订地点： 签订地点：

附件一 房屋平面图及在整个楼栋中的位置图（应标明方位，位置图略）

附件二 共用部位与共用房屋分摊建筑面积构成说明

1. 被分摊的共用部位的名称、用途、所在位置、面积。

2. 参与分摊公用建筑面积的商品房名称、用途、所在位置、面积、分摊系数。

3. 不分摊的共用部位。

附件三　该商品房取得抵押权人同意销售的证明及抵押当事人的相关约定（略）

附件四　计价方式与房款的其他约定（略）

附件五　付款方式及期限的约定（略）

附件六　装饰和设备标准的约定

1. 采暖系统：

（1）集中采暖：【散热器】【地板采暖】【　】________________；

（2）分户采暖：【燃气炉】【电采暖】【　】________________；

（3）采暖设备品牌：________________________________。

2. 保温材料：

（1）外墙保温：【挤压聚苯板】【发泡聚苯板】【发泡聚安酯】【　】______
____。

（2）内墙保温：【石膏聚苯板】【　】________________________
____。

3. 外墙：【瓷砖】【涂料】【玻璃幕墙】【　】____________________
____。

4. 内墙：【涂料】【壁纸】【　】____________________________
____。

5. 顶棚：【石膏板吊顶】【涂料】【　】________________________
____。

6. 室内地面：【大理石】【花岗岩】【水泥抹面】【实木地板】【　】________
____。

7. 门窗：

（1）外窗结构尺寸为：____________________________；

（2）开启方式为：______________________________；

（3）门窗型材：【双玻中空断桥铝合金窗】【塑钢双玻璃】【　】__________
____。

8. 厨房：

（1）地面:【水泥抹面】【瓷砖】________________________；

（2）墙面:【耐水腻子】【瓷砖】________________________；

（3）顶棚:【水泥抹面】【石膏吊顶】______________________；

（4）厨具:________________________________。

9. 卫生间:

（1）地面:【水泥抹面】【瓷砖】____ ____________________；

（2）墙面:【耐水腻子】【涂料】【瓷砖】____________________；

（3）顶棚:【水泥抹面】【石膏吊顶】______________________；

10. 阳台:【塑钢封闭】【铝合金封闭】【断桥铝合金封闭】【不封闭】

____。

11. 电梯:

（1）电梯品牌名称:____________________________；

（2）电梯速度:________米 / 秒;

（3）电梯载重量:________________________千克;

（4）____。

12. 其他

____；

____。

附件七　前期物业管理

一、前期物业服务合同（略）

二、临时管理规约（略）

三、其他约定（略）

附件八　该商品房所在楼栋本期的项目建设方案（略）

附件九　该商品房的建筑设计文件所标注的建筑隔声情况和环境影响评价文件所表征的所在地声环境状况（环境影响评价文件未含声环境状况的应在商品房预售时通过实测取得）

1. 建筑隔声情况

（1）室内允许噪声级≤____dB（A），符合《民用建筑隔声设计规范》____级标准；

（2）分户墙及楼板计权隔声量≥____dB（A），符合《民用建筑隔声设计规范》____级标准；

（3）分户层间楼板计权标准化撞击声压级≤____dB（A），符合《民用建筑隔声设计规范》____级标准；

（4）建筑外窗计权隔声量____> R_W ≥____dB（A），符合《建筑外窗空气隔声性能分级及其检测方法》____级标准；

（5）阳台门计权隔声量____> R_W ≥____dB（A），符合《隔声门》__级标准。

2. 所在地声环境状况

（1）项目立项或预售时所在地声环境现状监测值为：昼间____dB（A），夜间__dB（A），监测时间为______年____月____日；

（2）项目立项时所在地所处的声环境质量标准适用区域为____类区，执行标准为昼间____dB（A），夜间____dB（A）；

（3）项目立项时所在地周边__（有 / 无）可能对本项目产生噪声或振动影响的道路、轨道线路、铁路、机场或飞行航道，分别是____；

（4）目前尚未建设但规划项目所在地周边__（有 / 无）可能对本项目产生噪声影响的道路、轨道线路、铁路、机场或飞行航道，分别是____；

（5）项目建成后所处区域整体环境噪声预测值为昼间____dB（A）~____dB（A），夜间__dB（A）~____dB（A）。其中受周边噪声或振动影响最严重的区域为____侧（具体方位），预测昼间将会达到____dB（A），____（超过 / 优于）本地声环境质量标准适用区域标准____dB（A），夜间将会达到____dB（A），____（超过 / 优于）本地声环境质量标准适用区域标准____dB（A）。

附件十　补充协议（略）

2.《商品房现房买卖合同》(2010 年 10 月修订)

BF——2010——0120　　　　　　　　　　　合同编号：

北京市商品房现房买卖合同

出卖人：________________________________

买受人：________________________________

北京市建设委员会

北京市工商行政管理局

二〇一〇年十月修订

说明

1. 本合同文本为示范文本，由北京市建设委员会和北京市工商行政管理局共同制定，适用于商品房现房买卖。商品房现房是指由建设单位建设，已完成房屋所有权初始登记，取得国有土地使用证和房屋所有权证，尚未进行销售的商品房。
2. 签订本合同前，出卖人应当向买受人出示国有土地使用证和房屋所有权证及其他有关证书和证明文件。
3. 当事人应当按照自愿、公平及诚实信用的原则订立合同，任何一方不得将自己的意志强加给另一方。为体现双方自愿的原则，本合同文本相关条款后留有空白行，供双方自行约定或补充约定。合同生效后，未被修改的文本打印文字视为双方当事人同意内容。
4. 签订本合同前，买受人应当仔细阅读合同条款，特别是其中具有选择性、补充性、填充性、修改性的内容。
5. 本合同文本（____）中选择内容、空格部位填写及其他需要删除或添加的内容，双方当事人应当协商确定。（____）中选择内容，以划√方式选定；对于实际情况未发生或双方当事人不作约定时，应当在空格部位打 ×，以示删除。
6. 双方当事人在履行合同中发生争议的，可以选择向不动产所在地人民法院起诉，也可以选择向仲裁委员会申请仲裁。如选择申请仲裁的，可以向北京仲裁委员会、中国国际经济贸易仲裁委员会、外地的仲裁委员会申请。
7. 双方当事人可以根据实际情况决定本合同原件的份数，并在签订合同时认真核对，以确保各份合同内容一致；在任何情况下，买受人都应当至少持有一份合同原件。

北京市商品房现房买卖合同

出卖人：______

通讯地址：______

邮政编码：______

营业执照注册号：______

企业资质证书号：______

法定代表人：______ 联系电话：______

委托代理人：______ 联系电话：______

委托销售代理机构：______

通讯地址：______

邮政编码：______

营业执照注册号：______

买受人：______

【法定代表人】【负责人】：______ 国籍：______

【身份证】【护照】【营业执照注册号】【 】：______

出生日期：______年______月______日，性别：______

通讯地址：______

邮政编码：______ 联系电话：______

【法定代理人】【委托代理人】：______ 国籍：______

【身份证】【护照】【 】：______

出生日期：______年______月______日，性别：______

通讯地址：______

邮政编码：____________________ 联系电话：____________________

根据《中华人民共和国合同法》、《中华人民共和国城市房地产管理法》、《北京市城市房地产转让管理办法》及其他有关法律、法规的规定，出卖人和买受人在平等、自愿、公平、协商一致的基础上就商品房现房买卖事宜达成如下协议：

第一条 项目建设依据

出卖人以【出让】【转让】【划拨】方式取得坐落（国有土地使用证的坐落）于________________________地块的国有土地使用权。该地块【国有土地使用证号】为：______________________________________，土地使用权面积为：____________________，买受人购买的商品房（以下简称该商品房）所在土地用途为：____________________，土地使用年限自____________年________月____日至________年____月____日止。

在上述地块上建设的商品房【地名核准名称】【推广名】为：___________，该商品房建设工程规划许可证号为：_________________________________，现已通过规划验收并完成了竣工验收。

第二条 销售依据

买受人购买的商品房现已取得房屋所有权证，证号为：____________________________，填发单位为：_____________________________________。

第三条 基本情况

经公安行政管理部门核准，该商品房地址为：____。

该商品房为第一条规定项目中的__________【幢】【座】第_____层_____单元_______号。

该商品房所在楼栋的主体建筑结构为：__________________________，建筑层数为：_______层，其中地上_________层，地下_______层。

该商品房的用途为【住宅】【办公】【商业】(____)：__________________；

【层高】【净高】为：______________米，【坡屋顶净高】最低为：__________米，最高为：________________米。该商品房朝向为：____________；有_________个阳台，其中____________个阳台为封闭式，____________个阳台为非封闭式。

出卖人委托实测该商品房面积的房产测绘机构是____________________，其实测建筑面积共__________平方米，其中，套内建筑面积______________平方米，共用部位与共用房屋分摊建筑面积________________平方米。

该商品房平面图及在整个楼栋中的位置图见附件一，有关共用部位与共用房屋分摊建筑面积构成说明见附件二。

本条所称层高是指上下两层楼面或楼面与地面之间的垂直距离，净高是指楼面或地面至上部楼板底面或吊顶底面之间的垂直距离。

第四条　抵押情况

该商品房的抵押情况为：______________________。

1. 该商品房未设定抵押。

2. 该商品房已设定抵押，抵押权人为：______________________，抵押登记部门为：__________________，抵押登记日期为：____________________。

关于抵押的相关约定见附件三。

第五条　租赁情况

该商品房的租赁情况为：____。

1. 出卖人未将该商品房出租。

2. 出卖人已将该商品房出租，【买受人为该商品房承租人】【承租人已放弃优先购买权】。

____。

第六条　计价方式与价款

除独栋别墅、整栋楼房和车库（位）以外的商品房，出卖人与买受人约定按照下列第 1 种方式计算该商品房价款。

该商品房为【独栋别墅】【整栋楼房】【车库】【车位】的，出卖人与买受人约定按照下列第______种方式计算该商品房价款。

1. 按照套内建筑面积计算，该商品房单价每平方米______（币）______元，总价款______（币）______佰______拾______亿______仟______佰______拾______万______仟______佰______拾______元整（大写）。

2. 按照建筑面积计算，该商品房单价为每平方米______（币）______元，总价款______（币）______佰______拾______亿______仟______佰______拾______万______仟______佰______拾______元整（大写）。

3. 按照套（单元）计算，该商品房总价款为______（币）______佰______拾______亿______仟______佰______拾______万______仟______佰______拾______元整（大写）。

4. 按照______计算，该商品房总价款为______（币）______佰______拾______亿______仟______佰______拾______万______仟______佰______拾______元整（大写）。

具体约定见附件四。

本条所称建筑面积，是指房屋外墙（柱）勒脚以上各层的外围水平投影面积，包括阳台、挑廊、地下室、室外楼梯等，且具备有上盖，结构牢固，层高 2.20 米以上（含 2.20 米）的永久性建筑。

所称套内建筑面积，是指成套商品房（单元房）的套内使用面积、套内墙体面积和阳台建筑面积之和。

第七条　付款方式及期限

买受人采取下列第______种方式付款。

1. 一次性付款。

2. 分期付款。

3. 贷款方式付款：【公积金贷款】【商业贷款】。买受人可以首期支付购房总价款的______%，其余价款可以向【______】【住房公积金管理机构委托的商业银行】借款支付。

4. 其他方式。

具体付款方式及期限的约定见附件五。

第八条 逾期付款责任

买受人未按照约定的时间付款的，按照下列第＿＿＿＿＿种方式处理。

1. 按照逾期时间，分别处理。（（1）和（2）不作累加）

（1）逾期在＿＿＿＿＿＿日之内，自约定的应付款期限届满之次日起至实际支付应付款之日止，买受人按日计算向出卖人支付逾期应付款万分之＿＿＿＿＿＿的违约金，并于实际支付应付款之日起＿＿＿＿＿＿日内向出卖人支付违约金，合同继续履行；

（2）逾期超过＿＿＿＿日（该日期应当与第（1）项中的日期相同）后，出卖人有权解除合同。出卖人解除合同的，买受人应当自解除合同通知送达之日起＿＿＿＿日内按照累计的逾期应付款的＿＿＿＿＿＿%向出卖人支付违约金，并由出卖人退还买受人全部已付款。买受人愿意继续履行合同的，经出卖人同意后，合同继续履行，自约定的应付款期限届满之次日起至实际支付应付款之日止，买受人按日计算向出卖人支付逾期应付款万分之＿＿＿＿＿＿（该比率应当不小于第（1）项中的比率）的违约金，并于实际支付应付款之日起＿＿＿＿日内向出卖人支付违约金。

本条所称逾期应付款是指依照第七条约定的到期应付款与该期实际已付款的差额；采取分期付款的，按照相应的分期应付款与该期的实际已付款的差额确定。

2. ＿＿＿＿＿＿＿＿＿＿＿＿＿＿＿＿＿＿＿＿＿＿＿＿＿＿＿＿＿＿＿＿。

第九条 交付条件

（一）出卖人应当在＿＿＿＿年＿＿月＿＿日前向买受人交付该商品房。

（二）该商品房交付时应当符合下列第 1、2、＿＿＿＿＿＿、＿＿＿＿＿＿、＿＿＿＿＿＿项所列条件。

1. 提供有资质的房产测绘机构完成的该商品房面积实测技术报告书。

2. 该商品房为住宅的，出卖人提供《住宅质量保证书》和《住宅使用说明书》。

3. 满足第十二条中出卖人承诺的市政基础设施和其他设施达到的条件。

4. 该商品房为住宅的，出卖人提供《住宅工程质量分户验收表》（2006 年

1月1日起进行住宅工程竣工验收的房屋适用）。

5.____。

第十条　逾期交房责任

除不可抗力外，出卖人未按照第九条约定的期限和条件将该商品房交付买受人的，按照下列第____________种方式处理。

1. 按照逾期时间，分别处理。（（1）和（2）不作累加）

（1）逾期在____________日之内（该时限应当不小于第八条第1款第（1）项中的时限），自第九条约定的交付期限届满之次日起至实际交付之日止，出卖人按日计算向买受人支付已交付房价款万分之____________的违约金（该违约金比率应当不小于第八条第1款第（1）项中的比率），并于该商品房实际交付之日起____________日内向买受人支付违约金，合同继续履行；

（2）逾期超过______日（该日期应当与第（1）项中的日期相同）后，买受人有权退房。买受人退房的，出卖人应当自退房通知送达之日起________日内退还全部已付款，并按照买受人全部已付款的__________%向买受人支付违约金。买受人要求继续履行合同的，合同继续履行，自第九条约定的交付期限届满之次日起至实际交付之日止，出卖人按日计算向买受人支付全部已付款万分之_________（该比率应当不小于第（1）项中的比率）的违约金，并于该商品房实际交付之日起________日内向买受人支付违约金。

2.____。

第十一条　交接手续

（一）该商品房达到第九条约定的交付条件后，出卖人应当在交付日的7日前，书面通知买受人办理交接手续的时间、地点以及应当携带的证件。双方进行验收交接时，出卖人应当出示第九条约定的证明文件，并满足第九条约定的其他条件。出卖人不出示证明文件或出示的证明文件不齐全，或未满足第九条约定其他条件的，买受人有权拒绝接收，由此产生的逾期交房责任由出卖人承担，并按照第十条处理。

（二）验收交接后，双方应当签署商品房交接单。由于买受人原因未能按期办理交接手续的，双方同意按照下列约定方式处理：

____；

____。

（三）双方同意按照下列第 ______ 种方式缴纳税费。

1. 出卖人不得将买受人缴纳税费作为交接该商品房的条件。

____。

2. 买受人同意委托 ______________ 代缴下列第 ____、____、____、____、____ 种税费，并在接收该商品房的同时将上述税费交给出卖人。

（1）专项维修资金；

（2）契税；

（3）供暖费；

（4）____；

（5）____。

3. 买受人自行向相关单位缴纳下列第 ____、____、____、____、____ 种税费，并在接收该商品房的同时向出卖人出示缴纳税费的凭据。

（1）专项维修资金；

（2）契税；

（3）供暖费；

（4）____；

（5）____。

第十二条　市政基础设施和其他设施的承诺

出卖人承诺与该商品房正常使用直接相关的市政基础设施和其他设施按照约定的日期达到下列条件：

1. 市政基础设施：

（1）上水、下水：______ 年 ____ 月 ____ 日达到 ______________；

（2）【市政双路供电】【过渡性供电】：______ 年 ______ 月 ______ 日达到 ____；

（3）供暖：________年____月____日达到________________________________

____；

（4）燃气：________年____月____日达到________________________________

____；

（5）电话通信线：________年____月____日交付，敷设到户；

（6）有线电视线：________年____月____日交付，敷设到户；

（7）____

____；

（8）____

____。

如果在约定期限内未达到条件，双方同意按照下列方式处理：

（1）____

____；

（2）____

____。

2. 其他设施

（1）公共绿地：________年______月____日达到____________________；

（2）小区非市政道路：________年____月____日达到________________；

（3）公共停车场：____________年____月____日达到________________；

（4）幼儿园：________年____月____日达到________________________；

（5）学校：________年____月____日达到__________________________；

（6）会所：________年____月____日达到__________________________；

（7）购物中心：________年____月____日达到______________________；

（8）体育设施：________年____月____日达到______________________；

（9）____；

（10）____。

如果在约定期限内未达到条件，双方同意按照下列方式处理：

（1）____；

（2）____。

第十三条　商品房质量、装饰、设备标准的约定

（一）出卖人承诺该商品房使用合格的建筑材料、构配件，该商品房质量符合国家和本市颁布的工程质量规范、标准和施工图设计文件的要求。

（二）出卖人和买受人约定如下：

1. 该商品房室内空气质量经检测不符合国家标准的，自该商品房交付之日起＿＿＿＿＿＿日内（该时限应当不低于60日），买受人有权退房。买受人退房的，出卖人应当自退房通知送达之日起＿＿＿＿＿＿日内退还买受人全部已付款，并按照＿＿＿＿＿＿＿＿＿＿利率付给利息，给买受人造成损失的由出卖人承担赔偿责任。因此而发生的检测费用由出卖人承担。

买受人不退房的或该商品房交付使用已超过＿＿＿＿＿日的，买受人应当与出卖人另行签订补充协议。

＿＿＿＿＿＿＿＿＿＿＿＿＿＿＿＿＿＿＿＿＿＿＿＿＿＿＿＿＿＿＿＿＿＿＿＿。

2. 交付该商品房时，该商品房已经由建设、勘察、设计、施工、工程监理等单位验收合格，出卖人应当与买受人共同查验收房，发现有其他问题的，双方同意按照第＿＿＿＿＿种方式处理。

（1）出卖人应当于＿＿＿＿＿＿＿日内将已修复的该商品房交付。由此产生的逾期交房责任由出卖人承担，并按照第十条处理。

（2）由出卖人按照国家和本市有关工程质量的规范和标准在商品房交付之日起＿＿＿＿＿日内负责修复，并承担修复费用，给买受人造成的损失由出卖人承担赔偿责任。

（3）＿＿＿＿＿＿＿＿＿＿＿＿＿＿＿＿＿＿＿＿＿＿＿＿＿＿＿＿＿＿＿＿＿＿。

3. 出卖人交付的商品房的装饰、设备标准应当符合双方约定的标准。达不到约定标准的，买受人有权要求出卖人按照下列第＿＿＿＿＿种方式处理。

（1）出卖人赔偿双倍的装饰、设备差价。

（2）＿＿＿＿＿＿＿＿＿＿＿＿＿＿＿＿＿＿＿＿＿＿＿＿＿＿＿＿＿＿＿＿＿＿。

（3）＿＿＿＿＿＿＿＿＿＿＿＿＿＿＿＿＿＿＿＿＿＿＿＿＿＿＿＿＿＿＿＿＿＿。

具体装饰和设备标准的约定见附件六。

（三）出卖人和买受人对工程质量问题发生争议的，任何一方均可以委托有资质的建设工程质量检测机构检测，双方均有协助并配合对方检测的义务。

____。

第十四条　居民建筑节能措施

该商品房为住宅的，应当符合国家有关建筑节能的规定和北京市规划委员会、北京市建设委员会联合发布的《居民建筑节能设计标准》的要求。未达到标准的，出卖人应当按照《居民建筑节能设计标准》的要求补做节能措施，并承担全部费用；因此给买受人造成损失的，出卖人应当承担赔偿责任。

____。

第十五条　住宅保修责任

（一）该商品房为住宅的，出卖人自该商品房交付之日起，按照《住宅质量保证书》承诺的内容承担相应的保修责任。《住宅质量保证书》承诺的保修范围和保修期限必须符合国家和北京市有关法律、法规的规定及相关标准、规程的要求。

该商品房为非住宅的，双方应当签订补充协议详细约定保修范围、保修期限和保修责任等内容。

（二）在该商品房保修范围和保修期限内发生质量问题，双方有退房约定的，按照约定处理；没有退房约定的，出卖人应当履行保修义务，买受人应当配合保修。非出卖人原因造成的损坏，出卖人不承担责任。

第十六条　建筑隔声情况

该商品房为住宅的，出卖人承诺该商品房建筑隔声情况符合《民用建筑隔声设计规范》（GBJ118—88）、《建筑外窗空气隔声性能分级及其检测方法》（GB8485—87）、《隔声门》（HCRJ019—98）标准，对该商品房所在地声环境状况的描述真实准确。商品房建筑设计文件所标注的建筑隔声情况和环境影响评价文件所表征的声环境状况见附件八。

商品房建筑隔声情况未达到标准的，出卖人应当按照规划设计的要求补做建筑施工隔声措施，并承担全部费用；因此给买受人造成损失的，出卖人应当承担赔偿责任。

____

____。

第十七条　使用承诺和风险提示

1. 买受人使用该商品房期间，不得擅自改变该商品房的用途、建筑主体结构和承重结构。除本合同、补充协议及其附件另有约定者外，买受人在使用该商品房期间有权与其他权利人共同使用与该商品房有关的共用部位和设施，并按照共用部位与共用房屋分摊面积承担义务。

出卖人不得擅自改变与该商品房有关的共用部位和设施的使用性质。

2. 出卖人承诺商品住宅不分割拆零销售；不采取返本销售或者变相返本销售的方式销售商品房；不采取售后包租或者变相售后包租的方式销售未竣工商品房。

3.____。

第十八条　权属转移登记

（一）出卖人保证该商品房没有产权纠纷，因出卖人原因造成该商品房不能办理产权登记或发生债权债务纠纷的，由出卖人承担相应责任。

____。

（二）商品房交付使用后，双方同意按照下列第__________种方式处理。

1. 双方共同向权属登记机关申请办理房屋权属转移登记。

2. 买受人自行委托他人向权属登记机关申请办理房屋权属转移登记。

3. 买受人同意委托______________________________向权属登记机关申请办理房屋权属转移登记，委托费用______________________________元人民币（大写）。

（三）买受人未能在商品房交付之日起______________日内取得房屋所有权证书的，双方同意按照下列方式处理。

1. 如因出卖人的责任，买受人有权退房。买受人退房的，出卖人应当自退房通知送达之日起__________日内退还买受人全部已付款，并按照__________利率付给利息。买受人不退房的，自买受人应当取得房屋所有权证书的期限届满之次日起至实际取得房屋所有权证书之日止，出卖人按日计算向买受人支付全部已付款万分之_________的违约金，并于买受人实际取得房屋所有权证书之日起________日内向买受人支付。

2. 如因买受人的责任，____。

3.____。

第十九条　共有权益的约定

1. 该商品房所在楼栋的屋面使用权归全体产权人共有。

2. 该商品房所在楼栋的外墙面使用权归全体产权人共有。

3.____。

4.____。

第二十条　附属建筑物、构筑物的约定

双方同意该商品房的地下停车库等附属建筑物、构筑物按照以下第______种方式处理。

1. 出卖人出卖该商品房时，该商品房附属的______、________、________、________随同该商品房一并转让。

2. 出卖人出卖该商品房时，商品房附属的______、______、______、______不随同该商品房一并转让。

第二十一条　前期物业管理

（一）物业管理区域划分四至为：

东至____；

西至____；

南至____；

北至____。

物业服务用房建筑面积为________平方米，其中地上建筑面积为________平方米，位于________【号楼】【幢】【座】________层________单元________号；地下建筑面积为__________平方米，位于________【号楼】【幢】【座】________

层________单元________号；其中业主大会及业主委员会办公用房建筑面积为________平方米，位于________【号楼】【幢】【座】________层__________单元________号。（注：物业服务用房为多处时，双方可自行增加以上内容）

（二）前期物业管理期间，本物业管理区域内的物业服务费标准为：【住宅】元/平方米·月；【办公楼】：________元/平方米·月；【商业物业】：________元/平方米·月；【会所】：____________元/平方米·月；【 】：____________元/平方米·月。

（三）在交付房屋前，出卖人应当向买受人发放该套房屋的“业主一卡通”。买受人入住前，应当与银行、出卖人签订前期物业服务费托收协议，按照上述费用标准，在“业主一卡通”内预存__________个月（不超过12个月）的物业服务费。

（四）物业管理区域内规划用于停放车辆的车库、车位，出卖人不得出售给本物业管理区域业主以外的其他人。

（五）买受人已详细阅读前期物业服务合同和临时管理规约，同意出卖人提供的前期物业服务，遵守临时管理规约。

（六）出卖人应当按照前期物业服务合同的约定承担前期物业服务责任。前期物业服务合同、临时管理规约及其他约定见附件七。

本条所指前期物业管理期限，是指从首户业主入住起至全体业主与建设单位完成物业共用部分交接止。

第二十二条　专项维修资金

买受人委托出卖人代交专项维修资金的，出卖人应当自买受人接收该商品房之日起__________日内，向买受人提交专项维修资金缴纳凭证。

买受人自行缴纳专项维修资金的，应当在商品房交付【时】【之日起____日内】，向物业管理企业出示专项维修资金缴纳凭证。

第二十三条　不可抗力

因不可抗力不能按照约定履行本合同的，根据不可抗力的影响，部分或全部免除责任，但因不可抗力不能按照约定履行合同的一方当事人应当及时告知另一方当事人，并自不可抗力事件结束之日起______日内向另一方当事人提供证明。

第二十四条　争议解决方式

本合同在履行过程中发生的争议，由双方当事人协商解决；协商不成的，按照下列第____________种方式解决。

1. 提交____仲裁委员会仲裁。

2. 依法向人民法院起诉。

第二十五条　本合同自双方签字（盖章）之日起生效。双方可以根据具体情况对本合同中未约定、约定不明或不适用的内容签订书面补充协议进行变更或补充，但补充协议中含有不合理地减轻或免除本合同中约定应当由出卖人承担的责任或不合理地加重买受人责任、排除买受人主要权利内容的，仍以本合同为准。对本合同的解除，应当采用书面形式。本合同附件及补充协议与本合同具有同等法律效力。

第二十六条　本合同及附件共________页，一式________份，具有同等法律效力，其中出卖人________份，买受人________份，________份，________份。

出卖人（签章）：	**买受人（签章）：**
【法定代表人】：	【法定代表人】：
【委托代理人】（签章）：	【负责人】：
【委托销售代理机构】（签章）：	【委托代理人】（签章）：

签订时间：______年___月___日　　　　签订时间：______年___月___日

签订地点：　　　　　　　　　　　　　签订地点：

附件一　房屋平面图及在整个楼栋中的位置图（应标明方位，位置图略）

附件二　共用部位与共用房屋分摊建筑面积构成说明

1. 被分摊的共用部位的名称、用途、所在位置、面积。

2. 参与分摊公用建筑面积的商品房名称、用途、所在位置、面积、分摊系数。

3. 不分摊的共用部位。

附件三　关于抵押的相关约定（略）

附件四　计价方式与价款的其他约定（略）

附件五　付款方式及期限的约定（略）

附件六　装饰和设备标准的约定

1. 采暖系统：

（1）集中采暖：【散热器】【地板采暖】【　】________________________；

（2）分户采暖：【燃气炉】【电采暖】【　】________________________；

（3）采暖设备品牌：________________________________。

2. 保温材料：

（1）外墙保温：【挤压聚苯板】【发泡聚苯板】【发泡聚安酯】【　】____；

（2）内墙保温：【石膏聚苯板】【　】____。

3. 外墙:【瓷砖】【涂料】【玻璃幕墙】【　】____。

4. 内墙:【涂料】【壁纸】【　】____。

5. 顶棚:【石膏板吊顶】【涂料】【　】____。

6. 室内地面:【大理石】【花岗岩】【水泥抹面】【实木地板】【　】____。

7. 门窗:

(1)外窗结构尺寸为:________________________;

(2)开启方式为:________________________;

(3)门窗型材:【双玻中空断桥铝合金窗】【塑钢双玻璃】【　】____。

8. 厨房:

(1)地面:【水泥抹面】【瓷砖】【　】________________________;

(2)墙面:【耐水腻子】【瓷砖】【　】________________________;

(3)顶棚:【水泥抹面】【石膏吊顶】【　】________________________;

(4)厨具:________________________。

9. 卫生间:

(1)地面:【水泥抹面】【瓷砖】【　】________________________;

(2)墙面:【耐水腻子】【涂料】【瓷砖】【　】________________________;

(3)顶棚:【水泥抹面】【石膏吊顶】【　】________________________。

10. 阳台:【塑钢封闭】【铝合金封闭】【断桥铝合金封闭】【不封闭】【　】____。

11. 电梯:

(1)电梯品牌名称:________________________;

(2)电梯速度:__________米/秒;

(3)电梯载重量:________________________千克;

(4)________________________。

12. 其他

____；

____。

附件七　前期物业管理

一、前期物业服务合同

二、临时管理规约

三、其他约定

附件八　该商品房的建筑设计文件所标注的建筑隔声情况和环境影响评价文件所表征的所在地声环境状况（环境影响评价文件未含声环境状况的应在商品房预售时通过实测取得）

1. 建筑隔声情况

（1）室内允许噪声级≤____dB（A），符合《民用建筑隔声设计规范》____级标准；

（2）分户墙及楼板计权隔声量≥____dB（A），符合《民用建筑隔声设计规范》____级标准；

（3）分户层间楼板计权标准化撞击声压级≤____dB（A），符合《民用建筑隔声设计规范》____级标准；

（4）建筑外窗计权隔声量____ $> R_W \geq$ ____dB（A），符合《建筑外窗空气隔声性能分级及其检测方法》____级标准；

（5）阳台门计权隔声量____ $> R_W \geq$ ____dB（A），符合《隔声门》____级标准。

2. 所在地声环境状况

（1）项目立项或预售时所在地声环境现状监测值为：昼间____dB（A），夜间__dB（A），监测时间为________年____月____日；

（2）项目立项时所在地所处的声环境质量标准适用区域为__类区，执行标准为昼间____dB（A），夜间____dB（A）；

（3）项目立项时所在地周边____（有/无）可能对本项目产生噪声或振动影

响的道路、轨道线路、铁路、机场或飞行航道，分别是____；

（4）目前尚未建设但规划项目所在地周边____（有 / 无）可能对本项目产生噪声影响的道路、轨道线路、铁路、机场或飞行航道，分别是____；

（5）项目建成后所处区域整体环境噪声预测值为昼间____dB（A）~____dB（A），夜间__dB（A）~____dB（A）。其中受周边噪声或振动影响最严重的区域为____侧（具体方位），预测昼间将会达到____dB（A），____（超过 / 优于）本地声环境质量标准适用区域标准____dB（A），夜间将会达到____dB（A），____（超过 / 优于）本地声环境质量标准适用区域标准____dB（A）。

3.《房屋租赁合同》(2008年5月修订)

BF——2008——0606　　　　合同编号：

北京市房屋租赁合同

（经纪机构代理成交版）

出租人：______________________________

租赁代理机构：______________________

承租人：______________________________

北京市建设委员会

北京市工商行政管理局

二〇〇八年五月修订

北京市房屋租赁合同

（经纪机构代理成交版）

出租人（甲方）：________________证件类型及编号：__________________

租赁代理机构：__________________备案证明编号：___________________

承租人（乙方）：________________证件类型及编号：_________________

依据《中华人民共和国合同法》及有关法律、法规的规定，甲方委托代理出租房屋的房地产经纪机构（即租赁代理机构）和乙方在平等、自愿的基础上，就房屋租赁的有关事宜达成协议如下：

第一条　房屋基本情况

（一）房屋坐落于北京市______区（县）__________________街道办事处（乡镇）_________________________________，建筑面积____________平方米。

（二）房屋权属状况：甲方持有（□**房屋所有权证 / □公有住房租赁合同 / □房屋买卖合同 / □其他房屋来源证明文件**），房屋所有权证书编号：________________或房屋来源证明名称：______________，房屋所有权人（公有住房承租人、购房人）姓名或名称：________________，房屋（□是 / □否）已设定了抵押。

第二条　房屋租赁情况及登记备案

（一）租赁用途：________________；如租赁用途为居住的，居住人数为：__________，最多不超过________人。

（二）如租赁用途为居住的，甲方应自与乙方订立本合同之日起7日内，到房屋所在地的社区来京人员和出租房屋服务站办理房屋出租登记手续。对多人居住的出租房屋，乙方应将居住人员情况告知甲方，甲方应当建立居住人员登记簿，并按规定报送服务站。本合同变更或者终止的，甲方应自合同变更或者终止之日起**5日内**，到房屋所在地的**社区来京人员和出租房屋服务站**办理登记变更、注销手续。在本合同有效期内，居住人员发生变更的，乙方应当自变更之日起**2日内**告知服务站，办理变更登记手续。

乙方为外地来京人员的，应填写《来京人员信息登记表》（见附件一）；居住人员中有外地来京人员的，甲方应提供相关证明，督促和协助乙方到当地公安派出所办理暂住证；居住人员中有境外人员的，**（□甲方 / □乙方）**应自订立本合同之时起**24小时内**到当地公安派出所办理住宿登记手续。

租赁用途为非居住的，甲方应自订立房屋租赁合同之日起30日内，到房屋所在地的房屋行政管理部门办理房屋租赁合同备案手续。

第三条　租赁期限

（一）房屋租赁期自______年____月____日至______年____月____日，共计______年____个月。甲方应于______年____月____日前将房屋按约定条件交付给乙方。《房屋交割清单》（见附件二）经甲乙双方交验签字盖章并移交房门钥匙及________________________后视为交付完成。

（二）租赁期满或合同解除后，甲方有权收回房屋，乙方应按照原状返还房屋及其附属物品、设备设施。甲乙双方应对房屋和附属物品、设备设施及水电使用等情况进行验收，结清各自应当承担的费用。

乙方继续承租的，应提前____日向甲方提出（□书面 / □口头）续租要求，协商一致后双方重新签订房屋租赁合同。

第四条　租金及押金

（一）租金标准及支付方式：________元 /（□月 / □季），租金总计：人民币________________元整（￥：_______________）。

租金支付方式：押__付__，各期租金支付日期：________，__________，__

________。甲方委托的租赁代理机构在____________银行开立房屋租赁代理租金专用账户（以下简称“租金账户”，该账户信息可通过北京房地产中介行业协会网站（www.breaa.cn）和北京建设网（www.bjjs.gov.cn）查询），账号为__________，乙方通过第__种方式按期将租金（含押金）交存到租金账户：

1. 委托租金账户开户行按合同约定代扣租金，乙方在________银行开设付款账户，账号为__________；

2. 乙方将租金直接汇入租金账户（包括汇款、转账或 POS 机刷卡等方式）；

3. 因乙方原因不能将租金直接存入租金账户，乙方委托租赁代理机构代交租金。租赁代理机构应在 24 小时内将租金存入租金账户，不得直接收存或存入其他账户。

（二）押金：人民币__________元整（¥：______）。租赁期满或合同解除后，房屋租赁押金除抵扣应由乙方承担的费用、租金，以及乙方应当承担的违约赔偿责任外，剩余部分应如数返还给乙方。

第五条 其他相关费用的承担方式

租赁期内的下列费用中，________由甲方承担，________由乙方承担：（1）水费（2）电费（3）电话费（4）电视收视费（5）供暖费（6）燃气费（7）物业管理费（8）房屋租赁税费（9）卫生费（10）上网费（11）车位费（12）室内设施维修费（13）__________费用。

本合同中未列明的与房屋有关的其他费用均由甲方承担。如乙方垫付了应由甲方支付的费用，甲方应根据乙方出示的相关缴费凭据向乙方返还相应费用。

第六条 佣金

本合同签订后（□即时 / □__日内），租赁代理机构可按月租金的____%收取佣金人民币______元整（¥：______），其中乙方应向租赁代理机构支付月租金的___%，即人民币______元整（¥：______）作为佣金，支付方式：□现金 / □转账支票 / □银行汇款（甲乙双方支付的佣金总额应不超过月租金标准）。

第七条　房屋维护及维修

（一）甲方应保证出租房屋的建筑结构和设备设施符合建筑、消防、治安、卫生等方面的安全条件，不得危及人身安全；承租人保证遵守国家、北京市的法律法规规定以及该房屋所在小区的物业管理规约。

（二）租赁期内，甲乙双方应共同保障该房屋及其附属物品、设备设施处于适用和安全的状态：

1. 对于该房屋及其附属物品、设备设施因自然属性或合理使用而导致的损耗，乙方应及时通知甲方修复。甲方应在接到乙方通知后的______日内进行维修。逾期不维修的，乙方可代为维修，费用由甲方承担。因维修房屋影响乙方使用的，应相应减少租金或延长租赁期限。

2. 因乙方保管不当或不合理使用，致使该房屋及其附属物品、设备设施发生损坏或故障的，乙方应负责维修或承担赔偿责任。

第八条　转租

除甲乙双方另有约定以外，乙方需事先征得甲方书面同意，方可在租赁期内将房屋部分或全部转租给他人，并就受转租人的行为向甲方承担责任。

第九条　合同解除

（一）经甲乙双方协商一致，可以解除本合同。

（二）因不可抗力导致本合同无法继续履行的，本合同自行解除。

（三）甲方有下列情形之一的，乙方有权单方解除合同：

1. 迟延交付房屋达______日的。

2. 交付的房屋严重不符合合同约定或影响乙方安全、健康的。

3. 不承担约定的维修义务，致使乙方无法正常使用房屋的。

4. ____。

（四）乙方有下列情形之一的，甲方有权单方解除合同，收回房屋：

1. 不按照约定支付租金达________日的。

2. 欠缴各项费用达____________________元的。

3. 擅自改变房屋用途的。

4. 擅自拆改变动或损坏房屋主体结构的。

5. 保管不当或不合理使用导致附属物品、设备设施损坏并拒不赔偿的。

6. 利用房屋从事违法活动、损害公共利益或者妨碍他人正常工作、生活的。

7. 擅自将房屋转租给第三人的。

8.____。

（五）其他法定的合同解除情形。

第十条　违约责任

（一）甲方有第九条第三款约定的情形之一的，应按月租金的____% 向乙方支付违约金；乙方有第九条第四款约定的情形之一的，应按月租金的____% 向甲方支付违约金，甲方并可要求乙方将房屋恢复原状或赔偿相应损失。

（二）租赁期内，甲方需提前收回该房屋的，或乙方需提前退租的，应提前____日通知对方，并按月租金的____% 支付违约金，甲方还应退还相应的租金。

（三）因甲方未按约定履行维修义务造成乙方人身、财产损失的，甲方应承担赔偿责任。

（四）甲方未按约定时间交付该房屋或者乙方不按约定支付租金但未达到解除合同条件的，以及乙方未按约定时间返还房屋的，应按________________标准支付违约金。

第十一条　合同争议的解决办法

本合同项下发生的争议，由双方当事人协商解决；协商不成的，依法向有管辖权的人民法院起诉，或按照另行达成的仲裁条款或仲裁协议申请仲裁。

第十二条　其他约定事项

____

____

____。

本合同经双方签字盖章后生效。本合同（及附件）一式____份，其中甲方执____份，乙方执____份，租赁代理机构一份，____________执____份。

本合同生效后，双方对合同内容的变更或补充应采取书面形式，作为本合同的附件。附件与本合同具有同等的法律效力。

出租人（甲方）签章：	**承租人（乙方）签章：**
租赁代理机构签章：	国籍：
委托代理人：	委托代理人：
联系方式：	联系方式：
经纪执业人员签字：	
资格注册证书编号：	
年　　月　　日	**年　　月　　日**

附件一　来京人员信息登记表

根据《中华人民共和国统计法》的规定，公民有义务提供国家统计调查所需的情况；我们对您提供的信息

表　　号：市流调 1 表
制表机关：市流管办
批准机关：北京市统计局
批准文号：京统函［2007］126 号

________区 / 县________街道 / 乡镇________社区 / 村　　　　登记表序号 □□□□□□

<table>
<tr><td rowspan="6">基本信息</td><td>姓名 *</td><td></td><td>性别 *</td><td></td><td>出生日期 *</td><td colspan="2">年　月　日</td><td rowspan="4" colspan="2">照片</td></tr>
<tr><td>身份证号码 *</td><td colspan="6">□□□□□□□□□□□□□□□□□□</td></tr>
<tr><td>民族 *</td><td></td><td>政治面貌 *</td><td></td><td>受教育程度 *</td><td colspan="2"></td></tr>
<tr><td>户籍类别 *</td><td>□非农业
□农业
□无户口</td><td>婚姻状况 *</td><td></td><td>联系电话</td><td colspan="2"></td></tr>
<tr><td>原籍户籍地址 *</td><td colspan="8">________省（自治区、直辖市）________市（盟、州）________区（旗、县）</td></tr>
<tr><td>居住证件 *</td><td>□有　□无</td><td>婚育证明 *</td><td colspan="3">□原籍证明　□本市证明
□无</td><td>免疫接种 *（18 岁以下）</td><td>□有
□无</td></tr>
<tr><td rowspan="2">家庭户信息</td><td>家庭户流入 *</td><td colspan="8">□否　□是______人　16 岁以下______人（其中：______男______女）</td></tr>
<tr><td>户主</td><td>□是　□否</td><td>与户主关系</td><td colspan="2"></td><td>户主登记表序号</td><td colspan="3">□□□□□□</td></tr>
<tr><td rowspan="4">居住信息</td><td>离开原籍日期 *</td><td>____年____月____日</td><td>来京日期 *</td><td colspan="2">____年____月____日</td><td>来现住地日期 *</td><td colspan="3">____年____月____日</td></tr>
<tr><td>来京原因 *</td><td></td><td>居住类型 *</td><td colspan="2"></td><td>房屋登记表序号</td><td colspan="3">□□□□□□</td></tr>
<tr><td>现住地址 *</td><td colspan="8">__________区（县）______________________________</td></tr>
<tr><td>所属派出所 *</td><td colspan="4"></td><td>民警姓名 *</td><td colspan="3"></td></tr>
</table>

续表

<table>
<tr><td rowspan="4">就业信息</td><td>目前状况 *</td><td></td><td>就业单位名称 *</td><td></td><td>就业单位行业 *</td><td></td></tr>
<tr><td>主要从事工作 *</td><td></td><td>职业 *</td><td></td><td>单位登记表序号</td><td></td></tr>
<tr><td>参加社会保险 *</td><td colspan="3">□无 □工伤 □医疗 □失业 □养老 □生育</td><td>工作所在地 *</td><td>__________区 / 县</td></tr>
<tr><td>在京 * 参加社会保险</td><td colspan="3">□无 □工伤 □医疗 □失业 □养老 □生育</td><td>签订劳动合同 *</td><td>□有 □无</td></tr>
<tr><td>其它</td><td colspan="6"></td></tr>
</table>

管理员姓名:__________ 管理员编号:__________ 填表日期:________年___月___日

说明: 1. 表中带"*"的项为必填项; 2. 表中带下划线"××××"的项请按照"填表说明"填写。

填表说明

1. 身份证号码:无身份证的在第一格填特殊标识,16 岁以下,填 1,16 岁以上,填 2;
2. 政治面貌:①中共党员,②共青团员,③群众,④其他党派;
3. 受教育程度:①研究生,②大学本科,③大学专科,④高中,⑤初中,⑥小学,⑦不识字;
4. 婚姻状况:①未婚,②已婚,③丧偶,④离婚;
5. 原籍户籍地址:按照身份证件内容详细填写至街(路、巷、胡同)、楼(村)、单元、号;
6. 家庭户流入:指夫妻双方携带家庭成员来京并一同居住的家庭,户主为夫妻中一方;
7. 与户主关系:①配偶,②子女,③父母,④祖父母,⑤岳父母或公婆,⑥孙子女,⑦媳婿,⑧兄弟姐妹,⑨其他;
8. 来京原因:①务工,②务农,③经商,④学习培训,⑤婚嫁,⑥随迁,⑦治病疗养,⑧投亲靠友,⑨其他;
9. 居住类型:①自购房屋,②租赁房屋,③寄宿,④借住,⑤单位宿舍,⑥建筑工地,⑦工作场所,⑧其它;
10. 现住地址:填写至街道(乡镇)、街(路、巷、胡同)、楼(村)、单元、号;
11. 目前状况:①就业,②学生,③丧失劳动能力,④退休,⑤从事家务,⑥正在找工作,⑦其他;
12. 就业单位行业:①农、林、牧、渔业,②采矿业,③制造业,④金融业,⑤教育业,⑥电力、燃气及水的生产和供应业,⑦建筑业,⑧住宿和餐饮业,⑨批发和零售业,⑩交通运输、仓储和邮政业,⑪租赁和商务服务业,⑫房地产业,⑬居民服务和其它服务业，⑭信息传输、计算机服务和软件业，⑮文化、体育和娱乐业，⑯卫生、社会保障和社会福利业，⑰科学研究、技术服务和地质勘查业，⑱公共管理和社会组织，⑲水利、环境和公共设施管理业，⑳其他行业；

13. 职业：①单位负责人，②专业、技术人员，③办事人员，④商业、服务业人员，⑤农林牧渔水利生产人员，⑥生产运输工人；

14. 其它：不在本表数据项范围内，但根据业务要求需增加的数据项，内容按照工作要求填写。

附件二　房屋交割清单

房屋附属家具、电器、装修及其他设备设施状况及损赔

名称	品牌	单位	数量	单价	损赔额	名称	品牌	单位	数量	单价	损赔额

其他相关费用

项目	单位	单价	起计时间	起计底数	项目	单位	单价	起计时间	起计底数
水费					上网费				
电费					车位费				
电话费					租赁税费				
收视费									
供暖费									
燃气费									
物业费									
卫生费									

<table>
<tr><td rowspan="3">交房确认</td><td colspan="2">对上述情况，乙方经验收，认为符合房屋交验条件，并且双方已对水、电、燃气等费用结算完结，同意接收。</td></tr>
<tr><td colspan="2">交房日期：　　　年　月　日</td></tr>
<tr><td>甲方（出租人）签章：</td><td>乙方（承租人）签章：</td></tr>
<tr><td rowspan="3">退房确认</td><td colspan="2">甲乙双方已对房屋和附属物品、设备设施及水电使用等情况进行了验收，并办理了退房手续。有关费用的承担和房屋及其附属物品、设备设施的返还 □无纠纷 / □附以下说明：__________
____
______________________________</td></tr>
<tr><td colspan="2">退房日期：　　　年　　月　　日</td></tr>
<tr><td>甲方（出租人）签章：</td><td>乙方（承租人）签章：</td></tr>
</table>

后　记

北京天用律师事务所房地产与建设工程团队律师，从多年执业过程中，筛选出典型案件，经过多次打磨、完善，最终形成本书，旨在能够帮助读者在房地产交易过程中规避风险，透明交易，安心置业。当然，尽管撰稿人已经做出了很大努力，但不完善之处仍在所难免，尚祈读者批评指正。最后，非常感谢夜以继日参与本书编辑的所有撰稿人的倾情付出。

图书在版编目（CIP）数据

买房法典 / 高阳主编 .—北京：中国法制出版社，2019.2
ISBN 978-7-5216-0037-7

Ⅰ . ①买…　Ⅱ . ①高…　Ⅲ . ①房地产法—基本知识—中国　Ⅳ . ① D922.384

中国版本图书馆 CIP 数据核字（2019）第 034554 号

策划编辑 / 责任编辑：黄会丽　　封面设计：蒋　怡

买房法典

MAIFANG FADIAN

主编 / 高阳

经销 / 新华书店

印刷 / 三河市国英印务有限公司

开本 / 710 毫米 ×1000 毫米　16 开　　印张 / 14.75　字数 / 212 千

版次 / 2019 年 2 月第 1 版　　2019 年 2 月第 1 次印刷

中国法制出版社出版

书号 ISBN 978-7-5216-0037-7　　定价：45.00 元

值班电话：010-66026508

北京西单横二条 2 号　邮政编码 100031　　传真：010-66031119

网址：http://www.zgfzs.com　　**编辑部电话：010-66070084**

市场营销部电话：010-66033393　　**邮购部电话：010-66033288**

（如有印装质量问题，请与本社印务部联系调换。电话：010-66032926）